L'HUMOUR NOIR
SELON
ANDRÉ BRETON

ISBN : 2-7143-0227-0

N° d'Édition : 913 — Dépôt légal : novembre 1987 — N° d'impression : 2007

MIREILLE ROSELLO *IS A WARPED DYKE*

L'HUMOUR NOIR

SELON

ANDRÉ BRETON

« *Après avoir assassiné mon pauvre père...* »

LIBRAIRIE JOSÉ CORTI

11, RUE DE MÉDICIS — PARIS

1987

A celui qui aurait lu sans rien dire

REMERCIEMENTS

Je voudrais d'abord remercier tous ceux qui ont cru à l'existence de la thèse et qui en ont subi, jour après jour, les effets secondaires. Je tiens également à dire merci à M. Jean-Louis Boireau, professeur à l'Ecole Normale Supérieure de Saint-Cloud, qui m'a, sans le vouloir, profondément influencée et à M. Claude Richard, professeur à l'Université Paul Valéry, qui m'a communiqué son immense enthousiasme et m'a donné l'occasion de travailler aux Etats-Unis.

Ce livre serait cependant loin d'être terminé aujourd'hui si je n'avais pas bénéficié de l'aide d'amis que je m'empresserais de qualifier d'exceptionnels si l'adjectif n'était pas tristement galvaudé : Professor Julie Ellison m'a aidé à lire mon propre travail d'un point de vue critique, Professor Catherine Gravdal est une lectrice remarquablement attentive, brillante et extrêmement chaleureuse, Professor Nelson pose toujours des questions excellentes et son sens de l'humour fait de lui un expert fort agréable à consulter.

Qu'il soit enfin entendu, que si je n'avais pas eu la chance de rencontrer Professor Ross Chambers et le privilège de travailler avec lui, il y a sans doute longtemps que je me serais reconvertie dans l'élevage des bovins.

INTRODUCTION

*... Au bord d'un lac de sang, sous un grand tas de morts
Et qui meurt, sans bouger, dans d'immenses efforts.*

Si trompés par une étiquette dont vous croyez connaître le sens, vous ouvrez l'*Anthologie de l'humour noir* à la recherche d'une occasion de rire, renoncez. Vous étiez sur le point de commettre une erreur. Il n'est pas exclu que l'humour noir déclenche éventuellement un sourire crispé ou même un éclat de rire. Mais il est tout aussi susceptible de provoquer une autre forme de spasme physique, de celles qu'on associe plus volontiers à la souffrance ou la maladie : la lecture de ce texte risque tout aussi bien de déclencher une nausée moins existentielle que physique ou cette puissante contorsion mentale qu'est le bouleversement, la colère extrême, ce que les surréalistes ont pu appeler l'état de fureur.

Dans l'*Anthologie de l'humour noir*, les protagonistes, explicitement cautionnés par André Breton, vantent l'assassinat comme un des beaux arts[1], assassinent les cygnes avec des raffinements de cruauté bourgeoise[2], se livrent, s'ils sont croque-

---

(1) Tous les extraits mentionnés ci-après font partie de la deuxième édition de l'*Anthologie de l'humour noir* (Paris : Jean-Jacques Pauvert, 1966). Les pages indiquées entre parenthèses font toutes référence à ce texte qui sera désormais appelé l'*Anthologie*. Le premier passage est tiré d'un texte de Thomas de Quincey : « De l'assassinat considéré comme un des beaux-arts » (85-88). Les titres sont ceux de Breton, quoiqu'il ait le plus souvent adopté le titre de l'œuvre d'où vient le morceau choisi.

(2) VILLIERS DE L'ISLE-ADAM : « Le tueur des cygnes » (154-158).

morts, à des orgies diaboliques[3], tuent leur voisine et s'excla-
ment : « Elle est morte et j'ai bien ri »[4], distillent les cadavres
pour en faire des parfums alimentaires[5], éclaboussent le lecteur
des restes des décervelés[6], crucifient Jésus sur le cadre de son
vélo et ne se repaissent que de chair fraîche[7].

L'*Anthologie* vous promet un voyage au royaume des morts,
mais non pas à la manière d'un Virgile conduisant Dante dans
un univers fabuleux dont la beauté poétique est certes violente,
mais médiatisée par une idéologie et un ordre rassurants. Les
morts de l'*Anthologie* ne sont pas apprivoisés par une sacralisa-
tion rituelle ou mythique. Ils en sont encore au stade du cadavre en décomposition, au stade innommable où l'esprit humain
reste l'esclave de la chair qui le trahit, où le moment de séparation inéluctable entre la vie et la mort demeure sensible et
scandaleux comme une blessure prométhéenne toujours rou-
verte. Ces sans sépultures sont à ranger dans la catégorie nau-
séeuse de la pourriture instable et susceptible de contaminer les
milieux sains, cette zone hideuse et dangereuse que Bataille
considère comme le lieu du tabou par excellence[8], l'état intermédiaire entre le liquide et le solide où la fragilité de la vie
s'exprime en terreur de l'abject. Le texte de l'*Anthologie*, comme
M. Valdemar à la fin du conte d'Edgar Poe, répète inlassable-
ment la parole interdite et impossible : « Je suis mort. je suis
mort, je suis mort », et la mise en mots de cette funeste plaisanterie transforme le livre, masse inerte et somme toute inoffensive, en une « nearly liquid mass of loathsome-of detestable
putridity » (Poe, 289) qui abolit le temps et l'empêche de se
livrer au long travail de deuil et d'acceptation[10]. Le texte de
Breton a ceci de particulier qu'il *choisit* d'être le théâtre de
cette hideuse provocation alors que Valdemar était l'objet d'une
expérience, le prétexte à un discours pseudo-scientifique extérieur. L'*Anthologie* est un hôte attentif et démoniaque qui invite

---

(3) Pétrus Borel : « Le croque-mort » (113-115).
(4) Alphonse Allais : « Plaisir d'été » (227-232).
(5) Joris-Karl Huysmans : « En rade » (197-201).
(6) Alfred Jarry : « La chanson du décervelage » (277-279).
(7) Alfred Jarry : « La passion considérée comme une course de côte »
(255-288).
(8) D.A.F. de Sade : « Juliette » (43-48).
(9) Dans *l'histoire de l'Erotisme,* Georges Bataille fait remarquer qu'on
n'honore les morts que lorsque leurs os blanchis sont devenus symbolique-
ment inertes et donc inoffensifs ; le temps les a débarrassés de « l'excès de
virulence active de la pourriture ». *(Œuvres Complètes,* 69.)
(10) Edgar Allan Poe « The facts in the case of M. Valdemar », dans
Tales of Mystery and Imagination (1908) London, Melbourne and Toronto :
Everyman's Library, 1979 (280-289).

autoritairement le lecteur au voyage. Ce texte est semblable au poète maudit qui conviait sa bien-aimée, l'espace d'une aubade, à se repaître du spectacle d'une charogne en décomposition, à se rappeler leur rencontre avec l'horreur...[11] Baudelaire et Poe, qui occupent tous deux une place de choix dans le recueil de Breton seraient fort capables d'une telle proposition.

Imaginons à présent que la bien-aimée, après avoir été soumise à ce divertissement discutable, ait l'occasion ou le désir de raconter son aventure, d'écrire son histoire ? Que pourrait-elle dire, comment pourrait-elle rendre compte de la rencontre avec l'innommable ? L'étude en train de se construire ici se propose comme l'une des réponses possibles à la question, une exploration des effets, plus ou moins inévitables, plus ou moins analysables, plus ou moins conscients que ne manque pas de produire la confrontation avec un texte comme l'*Anthologie*. Dans la mesure du possible, certains choix de lecture seront éliminés, en ce qu'ils représentent une capitulation trop hâtive devant les exigences tyranniques dont le livre fait preuve : la bien-aimée pourrait par exemple accepter sans résistance l'offre qui lui est faite, et, en un récit morbide, fasciné, et peut-être cathartique, décrire la charogne de façon détaillée, « réaliste ». Le critique a de même la possibilité d'établir un relevé précis des obsessions thématiques de l'*Anthologie,* morts violentes, meurtres en général accompagnés de sévices aboutissant dans la plupart des cas à la dispersion d'un corps (souvent humain, très souvent féminin) à moins que l'imaginaire de l'anéantissement de l'autre ne soit poussé jusqu'à l'avalement de sa personne physique ou du moins ce qu'il en reste après que les phantasmes sadiques des narrateurs en ont fini de son dépeçage.

Dans la mesure où la violence dans l'*Anthologie* est une des questions incontournables, il semble que la retranscription des avatars des multiples charognes qui l'habitent n'apporterait pas grand chose à la lecture du texte dans son ensemble : une telle liste ressemblerait plutôt aux notes que le rêve se hâte de consigner à son réveil pour se garantir contre l'oubli. Les éléments ainsi recueillis ne sont, ne pourraient former qu'un rébus décalqué, qu'il faudrait dépasser pour obtenir un sens ou une signification. Plutôt que de s'acharner à dénombrer les exemples

---

(11) Voir Charles Baudelaire. *Les Fleurs du Mal,* XXIX (Paris ; Garnier, 34) « Une Charogne » :
> « Rappelez-vous l'objet que nous vîmes, mon âme,
> Ce beau matin d'été si doux :
> Au détour d'un sentier une charogne infâme,
> Sur un lit semé de cailloux... »

de décomposition systématique qui obsèdent le texte, contaminent sa structure, et parfois n'épargnent pas même le langage dans sa syntaxe, il est sans doute plus satisfaisant de reconnaître qu'il y a demande, de la part de l'*Anthologie*, d'un tel acte de lecture, et qu'accepter l'invitation nous mettrait, comme la bien-aimée du poète, au pouvoir d'un initiateur ou d'un bourreau.

Si l'on veut éviter de tomber dans ce piège, une certaine distance s'impose. Pour tenter de comprendre quels sont les rapports (parfois inconscients) entre l'humour noir, la violence et le pouvoir, il faut peut-être dans un premier temps détourner le regard de la fascinante et morbide charogne, refuser de lire l'*Anthologie* et commencer par une lecture au deuxième degré : une lecture de ce que la lecture de l'*Anthologie de l'humour noir* peut ou ne peut éviter d'être. En d'autres termes, que l'on veuille bien lire ici l'aveu d'une défaite. Ce livre voulait parler d'humour noir et en a été réduit à s'occuper de l'anthologie. Mais est-ce foncièrement différent ?

Puisque les exemples ne manquent pas de critiques célèbres qui n'ont pas hésité à contempler la charogne dans les yeux, leurs analyses serviront à refléter le chemin qui aurait pu être choisi et à illustrer les dangers auxquels il semblait souhaitable d'échapper[12].

L'*Anthologie de l'humour noir* revendique dès les toutes premières pages (dès le titre) une double démarche que l'on pourrait qualifier de théorique puis d'appliquée. Les extraits choisis par le compilateur pour constituer l'anthologie sont censés à la fois justifier l'existence de la catégorie « humour noir » et illustrer les définitions, ou plutôt les efforts successifs de définitions que l'une des voix du livre entend imposer, faire accepter. L'*Anthologie* est un texte encadré, régimenté par une sorte de narrateur général omniprésent dont le nom n'apparaît pas dans la table des matières (ou plutôt la liste des concurrents) mais sur la couverture du livre. Cette voix autoritaire semble avoir pour projet conscient de délimiter le champ d'une nouvelle science,

---

(12) Les textes dont je me servirai plus particulièrement sont les articles de Georges Lebreton : « Anthologie de l'humour noir : situation du surréalisme » paru dans *Fontaine* 47, décembre 1945, de Claude Mauriac : « Breton et l'humour noir » dans *Idées et hommes d'aujourd'hui* (1953), d'Annie Le Brun : « L'humour noir » dans *Entretiens sur le surréalisme* (1968), de Lucienne Rochon : « Humour noir et surréalisme », paru dans la revue *Europe* en 1968. Ces publications font expressément référence à l'Anthologie de Breton, qui se trouve systématiquement investie d'un statut de référence obligatoire, nécessaire et suffisante.

ou d'un terrain de recherche, mais aussi de se réserver le privilège de tenir un discours théorique sur la catégorie ainsi définie : « humour noir ». La place de « Breton » lui-même comme contributeur des textes qui constituent l'*Anthologie de l'humour noir* ne peut être ignorée dans la mesure où les rapports qui se créent entre les différents sujets parlants de cet espace textuel (narrateurs, personnages, auteurs, lecteurs...) sont tous réduits au même statut de signifiants (qu'ils soient « vivants » « morts » « réels » ou « imaginaires ») et sont impliqués dans une problématique de pouvoir qui est indissociable des manifestations de l'humour noir. Ce n'est donc pas à « l'humour noir » mais à l'*Anthologie de l'humour noir* comme texte que cette étude entend s'intéresser [13]. La distinction revient à poser que l'humour noir est un effet, une catégorie produite après-coup par une réalité textuelle à laquelle un lecteur donne vie.

Le « Breton » du texte n'est donc pas envisagé comme « l'auteur », car une telle démarche reviendrait à accepter qu'un créateur, à l'origine de l'*Anthologie,* a élaboré la théorie (dont il est responsable) et déterminé le corpus de textes (dont il est désormais propriétaire) [14]. Il faudrait dans ce cas se livrer à une analyse préliminaire de ce qu'est (déjà) l'humour noir, de l'événement historique, social, et littéraire que constitue son apparition, son développement, l'évolution de ses manifestations artistiques. « L'humour noir » rejoindrait alors la longue liste des termes que les dictionnaires des sociétés occidentales isolent mais perçoivent comme sémantiquement proches : humour, esprit, satire, plaisanterie, comique, ironie... Ce travail deviendrait alors l'équivalent de tous les « Essai sur... » qui postulent implicitement l'existence indéniable d'un objet d'étude sur lequel on peut greffer un métalangage [15]. Au contraire, la

---

(13) L'*Anthologie* sera perçue et analysée comme un texte c'est-à-dire une unité de lecture susceptible de produire un effet que l'on peut attribuer à l'un des fragments en particulier *à condition qu'il ait été lu comme partie de l'Anthologie.* Quoiqu'un tel livre soit de nature à permettre des lectures partielles, fragmentaires, non linéaires, chaque fragment est indissociable de sa présence à l'intérieur de l'*Anthologie* et donc du rapport qu'il est censé entretenir avec le reste du livre et avec les autres textes. Lire « le mauvais vitrier » de Baudelaire à l'intérieur de l'*Anthologie* n'est pas l'équivalent de la lecture du même conte dans les œuvres complètes de Baudelaire.

(14) Je reprends ici les distinctions désormais classiques qu'établit Michel Foucault dans son article « What is an author ? » Il y fait remarquer que les auteurs d'ouvrages littéraires ont d'abord été tenus pour les responsables d'un texte lorsque les autorités au pouvoir avaient besoin d'identifier un coupable. avant de devenir les propriétaires d'une partie du capital culturel susceptibles de revendiquer les « droits » d'auteur. (*Textual Strategies,* 149-150.)

(15) Il paraît presque futile de citer, tant les ouvrages sont célèbres, les

méthode adoptée ici est de ne pas séparer « humour noir » de « l'anthologie », et d'examiner les répercussions, les effets de lecture produits par un tel texte. La démarche choisie est en quelque sorte à l'opposé d'une approche critique qui accepterait comme préalable l'autorité d'un Breton « auteur », reconnaîtrait sans discuter l'existence de « l'humour noir » comme catégorie analysable.

La tentative de métalangage « sur » un « humour noir » préexistant sera au contraire d'abord rejetée comme possibilité d'écriture et traitée dans un premier temps comme une donnée incontrôlable, interne au texte, comme l'un des éléments constitutifs de l'*Anthologie* auquel il est inutile de se heurter de front. Plutôt que de critiquer le double effort de définition (« L'humour noir c'est, ou ce n'est pas...) et de classification-autorisation (tel auteur, tel passage a le droit de figurer au répertoire), de chercher à renouveler le contenu des propositions enfermées dans un tel cadre, l'on peut feindre d'accepter ces hypothèses comme point de départ d'une réflexion sur la façon de communiquer ainsi mise en œuvre. Plutôt que se demander « Qu'est-ce que l'humour noir ? », on peut essayer de comprendre comment l'*Anthologie* transmet son message et quelles conclusions théoriques peuvent se déduire de l'étude de ce réseau de signes qui mettent en relation un texte (puissant, volontiers tyrannique), et des lecteurs (inquiets, souvent martyrisés).

Quelles sont donc les présuppositions, quels sont les postulats inavoués sur lesquels repose le système de communication mis en place dans l'*Anthologie de l'humour noir* ? Le lecteur sera sans doute sensible à une première évidence : « l'humour noir » est analysé dans ce texte comme un objet d'étude, le champ d'une nouvelle science, mais il semble que le discours que ce terrain d'investigation engendre entretienne des relations violemment conflictuelles avec son sujet. Parler d'humour noir semble devoir être soit mimétique[16] soit destructeur, mener soit

---

travaux d'Henri Bergson *(Le Rire)*, de Louis Cazamian (« Pourquoi nous ne pouvons définir l'humour »), de Robert Escarpit *(L'humour)* de Sigmund Freud *(Le mot d'esprit et ses rapports avec l'inconscient* et son appendice : « L'humour »), de George Meredith *(An Essay on Comedy)*, ou de Vladimir Jankélévitch *(L'Ironie)*. Tous ces livres indispensables peuvent facilement servir de caution involontaire à l'apprenti théoricien décidé à créer et examiner sa propre catégorie.

(16) Voir à ce sujet les travaux de Caillois sur les différentes formes que prennent les activités mimétiques : trois catégories sont distinguées, le travesti, le camouflage et l'intimidation. *(Méduse et Compagnie,* 81.) Il semble que dans le cas de l'humour noir, celui qui parle se sente obligé de se fondre dans le décor, de prendre la couleur de l'objet qu'il analyse pour éviter une menace,

à l'imitation, la reproduction, soit au silence. Soit le texte devient lui-même humoristique, se trouve contaminé en quelque sorte par la nature de son objet d'intérêt, soit au contraire, il s'annonce comme ouvertement abstrait et théorique, auquel cas, il se reproche de manquer d'humour, d'avoir accaparé la place de son sujet, de l'avoir éliminé. Le problématique du choix cruel entre mimétisme et annihilation est responsable d'une angoisse très visible qui ressemble un peu (mais en plus violente) à celle qu'éprouvent les linguistes lorsqu'ils comprennent qu'il leur faudra utiliser le langage pour décrire le langage. L'*Anthologie* ne fait dans ce cas que perpétuer une longue peur et prolonger un vieux débat : « Peut-on parler de l'humour sans humour ? » et ce n'est certes pas une coïncidence que l'un des ingrédients d'un système de communication à base d'humour noir soit de forcer les participants à des choix devenus cruels.

Ce qu'il y a de sournois et de tyrannique dans l'*Anthologie*, c'est que ce texte génère l'angoisse alors que le compilateur lui, a joué sur les deux tableaux, et a résolu le problème sans jamais y faire allusion, de la plus mauvaise foi du monde : l'*Anthologie* affirme, dans les notices d'introduction aux extraits et dans tous les passages théoriques, qu'on ne peut pas définir l'humour, qu'il faut laisser la question en suspens, et accable les auteurs qui se sont risqués à des analyses trop poussées. « Pour qu'il y ait humour... le problème restera posé » (*Anthologie,* 12) affirme la Préface. Paul Valéry se voit félicité d'avoir refusé de traduire le mot humour et d'avoir adopté un « parti pris de réticence absolue » (11) qui a fait défaut à Aragon. Ce dernier, pour avoir tenté « d'épuiser le sujet » (11) dans son *Traité du Style,* se voit accusé d'annihilation : l'humour se refuse désormais à lui. A supposer même que la voix théorique s'en tienne à ces déclarations de principes (ce qui n'est pas le cas, car les définitions successives contradictoires et impératives ne vont pas tarder à imbiber le texte) comment résout-elle son propre problème d'anéantissement du discours par le métalangage ? Par une pirouette, en changeant de discours. Les préambules abstraits se taisent brutalement, et laissent la place à un extrait, un morceau d'humour noir lavé de tout soupçon théorique, puis ils réapparaissent, victorieux, pleins de bonne conscience pour avoir donné à voir et déplacé l'attention sur l'autre, sur l'exemple, sur un objet nettement séparé du discours

---

une violence toujours imminente. L'imitation volontaire serait un autre cas de contamination, comme si l'humour ne souffrait pas l'existence de l'autre et ne tolérait un autre discours que si sa présence mimétique fait preuve d'un humble souci de ressemblance pacificatrice.

du je. L'art de l'*Anthologie* est d'établir un va-et-vient constant, de détourner l'attention au moment où peut-être le lecteur allait se rendre compte que le refus de définir est déjà une définition et que les extraits ne sont pas à même de confirmer, de soutenir une théorie qui refuse de se dire. La logique de l'*Anthologie* tourne en rond, de la non-définition aux faux exemples, mais affirme sa légitimité au lieu de se reprocher sa duplicité.

Paradoxalement, cette satisfaction est le seul élément que les lecteurs ne parviennent pas à intégrer devant un texte qui les oblige à leur tour à imiter ou à se taire, et si l'on jette un coup d'œil aux exposés des disciples malheureux de Breton, on a toujours droit comme préliminaires aux infinies excuses de ces coupables malgré eux. Annie Le Brun, lors de sa conférence sur l'humour noir, consacre une longue introduction à se défendre à l'avance d'aborder un tel sujet et n'évite pourtant pas une violente controverse au moment des questions. René Lourau l'accuse en substance d'avoir tué la violence de l'humour, d'avoir séparé le fond de la forme, mais reconnaît qu'il n'aurait en aucun cas accepté que la conférencière se mette à « raconter les histoires de Marie-la-Sanglante », qu'il rebaptise négligemment « histoires marseillaises » (Le Brun, 114) et lorsqu'on lui demande ce qu'il aurait fait, il se contente d'invoquer la loi du silence : « ... je me garderais bien de parler de l'humour noir. Je n'ai pas de modèle à proposer » (115). La dispute personnelle et agressive qui suit un exposé universitaire étonne le lecteur habitué à plus d'indulgente indifférence et fait écho à l'humilité exagérée dont Annie Le Brun avait cru devoir faire preuve en commençant. Rien apparemment ne peut diminuer le degré de tension produit par le sujet lui-même. A croire que même lorsqu'on tente de l'apprivoiser, la violence de l'humour noir réapparaît comme le retour du refoulé. L'humour se venge dès qu'on parle de lui.

Inscrit dans l'*Anthologie,* il profite d'une structure textuelle privilégiée pour s'imposer et imposer le silence : son système de communication est basé sur une élimination progressive et systématique du récepteur qui est toujours perçu comme un adversaire, une menace potentielle. Car si l'humour semble obliger ses critiques à lui ressembler ou à se taire, l'*Anthologie* n'a rien à lui envier. Ces deux tyrans semblent avoir compris que tant que la liberté de l'autre, de celui à qui le discours, mon discours s'adresse, est garantie par la possibilité d'un dialogue, d'une réponse, d'une désapprobation, l'émission de l'humour noir n'est pas à l'abri d'un rejet, d'une défection brutale du lecteur. Or, si l'humour noir de l'*Anthologie* se sait communication à haut

risque, il ne se passe pas des applaudissements de ses spectateurs. Il ne vit pas sans l'assurance d'avoir pris au piège,
d'avoir captivé son auditoire. La présence du public, la caution
du lecteur séduit et fasciné est indispensable à la survie de cette
activité tyrannique.

Pour réduire l'interlocuteur à l'impuissance sans l'éliminer
tout à fait, le meilleur moyen est d'atteindre sa liberté sans son
altérité : l'humour noir s'adresse à un spectateur qui se doit
d'être présent, docile et soumis, qui doit se rallier à la demande
du texte, qui doit faire preuve de fidélité et abdiquer ses
propres possibilités d'interprétation. Qu'importe si les attaques
contre Voltaire ne sont de votre goût (*Anthologie,* 19, 133), si
vous trouvez que Rabelais ne se résume pas à une « plaisanterie lourde et innocente et la bonne humeur d'après boire »
(*Anthologie,* 19) et si vous êtes tenté d'objecter que le rire gar-
gantuesque n'est pas si blanc qu'il n'y paraît, qu'importe si
pour vous, Molière n'est pas en tête des « religions modernes
ridicules » (133) et si vous n'êtes pas prêt de donner tous les
Shakespeare pour un Jarry. Pour parodier le *Deuxième Manifeste,* l'on pourrait dire que l'*Anthologie* est surréaliste dans ses
exclusions féroces. En d'autres termes, il s'agit de faire renoncer le lecteur à ses facultés de sujet indépendant et de l'assimiler au système jusqu'à ce qu'il ne fasse plus qu'un avec le
texte, jusqu'à ce que son acte de lecture soit une acceptation,
une approbation inconditionnelle.

Pour ce faire, l'*Anthologie* manipule le cadre et le transforme en piège, enferme le lecteur et s'arrange pour qu'il soit
forcé de l'imiter, quelle que soit la démarche tentée. La lecture
de l'anthologie aboutit à la recréation d'une anthologie, elle
suit le même modèle que celui qui se donne comme à l'origine
du texte maître, et même les tentatives de subversion et d'indépendance sont prévues pour s'intégrer à un schéma prédéterminé : chaque passage cité est présenté comme une unité provisoire dont le début et la fin sont imposés par la logique de
l'*Anthologie* et non par une grammaire intérieure à l'extrait. Le
lecteur ne peut donc pas lire et interpréter les signes qui lui
prédisent d'habitude l'approche du dénouement, le modèle du
texte tel qu'il se donnerait à lire dans son contexte original est
ainsi sapé. Si on lit les extraits du début à la fin, un après l'autre, on est soumis à l'arbitraire jeu de saute-mouton imprévisible
que l'*Anthologie* se permet d'imposer, mais si l'on transgresse
les limites, si l'on refuse les frontières intérieures « artificielles »
de ce texte, que peut-on faire sinon en rajouter, surenchérir,
s'arrêter de soi-même au milieu d'un passage déjà tronqué et se
donner à soi-même la règle qu'on refusait de suivre ? De plus,

la lecture projette alors sur le texte, de l'extérieur, le modèle du démembrement qu'on souhaitait éviter.

En essayant au contraire de lire de la première à la dernière page, le lecteur habitué aux récits, aux romans, se démontre régulièrement l'inutilité quasi totale de son expérience de la linéarité et toute tentative pour chercher un sens au texte dans l'ordre des fragments échoue lamentablement. Il est aussi difficile de se repérer dans l'*Anthologie* que dans une bibliothèque mal rangée, ce texte souffre de désordre, ou plutôt d'un ordre inutilisable, irrécupérable par la mémoire et ses efforts de logique mnémotechniques. Les liens de parenté si l'on peut dire, entre les textes et leurs premiers producteurs sont gommés, rendus flous et incertains, tout ce qu'on se rappelle, c'est que le morceau, désormais anonyme, fait partie de l'*Anthologie*. Comment ce texte parvient-il à rendre ses participants apatrides et à les assimiler, à les ingurgiter pour son propre compte ? Comme d'habitude, par une pirouette et un exercice de mauvaise foi : l'ordre n'est pas ouvertement remis en question mais rendu inopérant pour le lecteur, transformé en parodie arbitraire et déconcertante. Certes il est possible de trouver une logique à la succession des fragments, mais quel critère est utilisé ? Un relevé des dates de naissance des auteurs, comme s'il s'agissait de se rappeler des anniversaires des membres d'une famille ou de décerner les médailles réglementaires et posthumes aux soldats qui se sont bien comportés : les auteurs cités dans la table des matières représentent donc un certain mouvement chronologique, mais quelle peut être la signification d'une organisation qui range des noms d'écrivains selon leur date de naissance ? Quel sens peut-on trouver à un tel classement ? Est-il le résultat d'un hasard de méthode ou au contraire la volonté de supprimer toute importance à ce choix en le montrant comme non pertinent, particulièrement neutre, conventionnel et peu visible ? On dirait que le texte se permet une sorte de défi impertinent et négligent en imitant une progression logique alors que le critère choisi pour créer l'ordre déconstruit la valeur de l'ordre en question, s'affirme comme un pis-aller, un mieux que rien ou peut-être justement un pire que rien. Le lecteur se voit alors forcé d'accepter une dé-marche en avant, un mouvement qui le bloque sur place et le prive de l'espoir de la fin, lui vole le temps de la lecture.

Quoi qu'il arrive, le choix revient au même : soit on lit l'*Anthologie* telle qu'elle est, soit on la recrée en imitant sa structure. On peut passer d'un extrait à l'autre tels qu'ils se présentent, ou reproduire une anthologie personnelle en sautant certains textes, en choisissant arbitrairement, selon son propre

bon plaisir, les fragments que l'on lit. On remet alors tous les
concurrents en compétition et c'est la lecture qui se charge
d'éliminer, de choisir, de conserver, de trier. Ce phénomène ne
fait que s'accentuer si on lit l'*Anthologie* de façon critique par
rapport à la théorie : l'autorité avec laquelle le texte impose ses
propres définitions de ce qu'est l'humour et les exemples qui
sont censés les illustrer ne sollicite qu'une réaction très limitée
du type d'accord/pas d'accord. Et de nouveau, le risque de
voir le lecteur s'inscrire en faux est paré d'avance par la structure de l'*Anthologie*. Analyser les extraits à la lumière des définitions proposées amène inéluctablement le critique à reproduire, souvent emphatiquement, la démarche du compilateur : oui, ceci est de l'humour noir, je le garantis, j'approuve,
ou bien, non, ceci n'est pas de l'humour noir. Le geste de
« reconnaissance », d'autorisation se déplace alors sur le lecteur
qui usurpe ou du moins prend le pacte de l'autorité. Nous
devons alors supposer que la nouvelle voix au pouvoir se
retranche derrière son propre corpus mental préfabriqué, et
qu'une anthologie est implicitement recréée, peut-être encore
plus sévèrement censurée, encore plus réduite que le texte initial. Lucienne Rochon, dans son article sur l'humour noir et le
surréalisme refuse par exemple ses lettres de noblesse à celui
que Breton appelle le « grand initiateur » : Swift. Si l'on compare l'introduction de Breton dans l'*Anthologie* et les réflexions
de Lucienne Rochon, on ne peut s'empêcher de remarquer la
similarité de la démarche et l'on est fort tenté de renvoyer les
deux théories dos à dos. (A moins que le mimétisme continue
de jouer au troisième degré, auquel cas on sera sans doute
tenté de prendre parti, d'en rajouter sans doute et de se livrer
à son propre acte de légitimation : oui, ou non, Swift a-t-il
droit à l'étiquette sacrée d'humour noir ?) Breton écrit :

... contrairement à ce qu'a pu dire Voltaire, il n'a rien
d' « un Rabelais perfectionné ». De Rabelais, il partage aussi
peu que possible le goût de la plaisanterie lourde et innocente
et la constante bonne humeur d'après boire. A Voltaire l'oppose
de même toute la manière de réagir au spectacle de la vie... On
a fait remarquer que Swift « provoque le rire mais sans en participer ». C'est précisément à ce prix que l'humour, au sens où
nous l'entendons peut extérioriser l'élément sublime qui d'après
Freud, lui est inhérent et transcender les formes du comique. A
ce titre encore, Swift peut à bon droit passer pour l'inventeur
de la plaisanterie féroce et funèbre. La tournure profondément
singulière de son esprit lui a inspiré une suite d'apologues et de
réflexions de l'ordre de la « Philosophie des vêtements », de la
« Méditation sur un balai » qui participent de l'esprit le plus

moderne à un degré bouleversant, et font à eux seuls qu'il n'y ait peut-être pas d'œuvre qui ait moins vieilli. (*Anthologie,* 20.)

Lucienne Rochon, au contraire refuse de compter Swift parmi les grands humoristes noirs. En parlant des mêmes textes et de la *Modeste Proposition* que Breton a choisi de faire figurer dans l'*Anthologie,* elle écrit :

> ... Cet humour-là n'est pas un jeu interdit quoiqu'il mette en cause plus qu'il ne semble. [...] la vision qui pourrait être horrible reste abstraite, et si l'argumentation, sinistrement laborieuse, prélude à certaines « parleries » de l'humour noir, elle ne se différencie pas beaucoup de l'ironique argumentation de Montesquieu en faveur de l'esclavage. La férocité n'est ici que le masque d'un réformisme philanthropique... En tout cas, en dépit de quelques plaisanteries irrévérencieuses vis-à-vis de la raison, Swift ne « détruit pas les tiroirs du cerveau » (T. Tzara), il n'engage pas dans l'aventure, il ne risque pas le désastre, il ne connaît pas la convulsion (Rochon, 65.)

Ce qui frappe dans ces deux passages, c'est la similarité des arguments qui prétendent justifier des résultats contraires. On a l'impression d'avoir affaire à deux sophistes romains décidés à démontrer la supériorité de la rhétorique sur une vérité extérieure, c'est-à-dire la force du langage, et donc le pouvoir de celui qui est susceptible de le monopoliser et d'imposer les mots à la tribu (et comme il s'agit ici du privilège de donner des étiquettes, de déterminer qui a droit à « l'humour noir », il n'est pas sans intérêt de se demander si la démarche de nos deux dictateurs potentiels est à lire au premier degré). Dans les deux cas, les textes décernent des louanges aux « bons » et réprimandent les « mauvais », ils désignent arbitrairement l'exclu, l'ennemi, supposé commun à tous ceux qui lisent. Rabelais, Voltaire pour Breton, Montesquieu chez Rochon sont reconnus coupables d'humour pâle. En revanche, les deux passages se réclament d'autorités apparemment indiscutables : Freud pour l'un, Tzara pour l'autre sont visiblement idoles au-dessus de tout soupçon. Les deux « démonstrations » imposent leur définition de ce que n'est (évidemment ?) pas l'humour noir : « la plaisanterie lourde et innocente » « l'ironique argumentation » sont a priori rejetées, comme s'il avait été établi à l'avance que certains genres, techniques d'écriture ou figures de style étaient incompatibles avec l'humour noir. Mais il est clair que pour atteindre l'humour noir il faut « transcender les formes du comique » ou faire preuve de « convulsion », s'engager « dans l'aventure ». Malheureusement pour un lecteur épris d'indépendance, de tels critères ne lui permettront jamais de « reconnaître » à coup sûr les auteurs qui méritent désormais d'être considérés comme des alliés. Il lui faudra toujours s'en remettre à l'autorité figée et ponctuelle d'un article écrit, signé, qui d'abord se charge d'autoriser ou d'exclure les candidats à l'humour noir et multiplie par la suite les justifications vagues. La lecture critique de l'*Anthologie* aboutit, une fois de plus à la reproduction d'une *Anthologie*, plus réduite, si l'on souhaite contester le choix de Swift par exemple, ou plus étendue, si l'on décide de critiquer les frontières trop étroites de ce texte. Ajouter certains auteurs considérés comme incontournables, impossibles à éliminer, aboutit à la lecture imaginaire d'une anthologie élargie, qui ne pourrait à son tour qu'être approuvée ou désapprouvée par un auditeur dont on rechercherait la caution.

Lucienne Rochon souhaitait remiser quelques idoles au placard, Georges Lebreton, dans son compte rendu de la première édition de *l'Anthologie* se laisse prendre au piège inverse et plaide un peu maladroitement la cause d'un exclu. Son texte pourrait être taxé de paraphrase tant il suit fidèlement la structure adoptée par l'*Anthologie* : il reproduit presque littéralement la liste des participants dans l'ordre d'apparition, au point que son article a l'air d'une table des matières annotée. il remarque (fort à propos...) que « L'Anthologie part de Swift... » (Lebreton, 151) passe par Lichtenberg, Caroll, Ducasse, Corbière, Jarry, Brisset...

Sa soumission à l'*Anthologie* est presque totale et le seul exemple d'indépendance qu'il s'autorise est l'addition de Max Jacob dont il regrette l'absence.

> Bien d'autres sont nommés dans l'Anthologie [...] mais Max Jacob est oublié, omission peut-être injuste car bien des choses sont sorties du *Cornet à Dés,* et Max vivant fut, en toute sa personne, une des plus déconcertantes créations de l'humour et d'un humour qui n'était pas toujours rose. (151)

Son « anthologie » ajoute aussi quelques textes de Breton au palmarès de l'humour noir ; *L'Amour fou, Tournesol,* le discours aux étudiants de l'Université de Yale deviennent ainsi participants au tournoi sans le consentement du pape.

Le plus intéressant travail de re-création prise au piège de son modèle est sans doute l'article de Claude Mauriac : « Breton et l'humour noir. » Mauriac est le type même du lecteur critique, qui rejette ouvertement certains critères et certains textes de l'*Anthologie,* qui s'inscrit en faux à la fois contre la théorie et les exemples, mais semble ne pas se rendre compte que sa propre démarche d'exclusion et de réintroduction de nouveaux passages reproduit le geste arbitraire dont il tentait de se libérer. A l'en croire, le choix du *corpus* de la deuxième édition est contestable.

> Une suppression ici, celle, on ne sait pas pourquoi, d'une page de Baudelaire pourtant meilleure, du point de vue de l'humour, que bien d'autres consacrées par Breton. (Mauriac, 148)

« Meilleure du point de vue de l'humour » ? L'expression ressemble à s'y méprendre aux arguments vagues et intuitifs que Breton avance pour justifier le choix de ses propres textes, et pourtant, Mauriac critique le système de référence sur lequel les définitions de l'*Anthologie* reposent : les témoignages de Valéry et d'Aragon sont récusés au profit de « deux références *plus sérieuses* », Hegel et Freud (148, je souligne). Il reproche à Breton la définition « fragmentaire » qu'il voudrait imposer (Seules « quelques caractéristiques de l'humour noir » sont « isolées au cours des notices de présentation » 149). Il regrette aussi certains des critères choisis.

> Le noir suffit à Breton comme critère de l'humour, mais où est l'humour lorsque ce noir n'est que celui de la démence ? Où se trouve l'humour que son auteur ne reconnaît pas en tant que tel ? (150)

L'article finit par devenir un texte décalqué qui reprend toutes les préoccupations de l'*Anthologie* sur le mode du d'accord pas d'accord. La lecture qui a précédé la réécriture s'est trouvée soumise à un cadre mimétique qui a forcé l'observateur à accepter, à se soumettre à un point de vue. L'*Anthologie* attend de son lecteur le blanc seing, la signature qui entérinera son approbation et son accord : « Breton a raison de noter... » « L'*Anthologie* règle fort heureusement à ce titre certains éclairages de la littérature officielle... » (149) Et lorsque désaccord il y a, la critique semble tout à coup faible, « subjective », peu convaincante parce que la formulation ne prend aucun recul par rapport à l'objet attaqué : lorsque Mauriac finit ses phrases de louange par des restrictions de type « Mais nous ne voyons pas que l'*humour* ? y entre pour beaucoup », (je souligne) il est enfermé dans une structure préexistante, il s'oblige à conserver le point de vue de Breton. Il ne s'intéresse qu'aux deux questions

que l'*Anthologie* privilégie arbitrairement comme centre exclusif
d'une problématique :

1. L'humour (noir) c'est... ou ce n'est pas...
2. Ceci est, ou n'est pas de l'humour noir.

Sa révolte face à un texte trop visiblement autoritaire (« Je
demeure stupéfait de l'incroyable témérité et de l'assurance de
ses déclarations les plus aventurées », 156) aboutit à un geste
spéculaire : Mauriac remplace la proposition qu'il rejette par
une affirmation tout aussi arbitraire, mais fondée sur ses propres schémas de lecture. C'est ainsi que Pétrus Borel est déclaré
hors concours parce que Mauriac, public insoumis, se refuse à
reconnaître dans son texte la présence d' « humour noir ».
L'exemple qu'il donne : « Je ne crois pas qu'on puisse devenir
riche à moins d'être féroce, un homme sensible n'amassera
jamais » (*Anthologie,* 159) pourrait faire l'objet de discussions
interminables tant qu'il n'a pas été décidé qui, en dernier res-
sort, a le pouvoir d'imposer une étiquette qui prétend décrire la
nature d'un texte alors qu'elle ne fait que refléter la lecture qui
en est faite. Comme la causalité inversée de Nietzsche, « l'humour » entretient avec le « comique » des relations déterminées
par une séquence temporelle. Les textes autoritaires comme
l'*Anthologie* renforcent le préjugé qui nous fait dire « je ris
parce que c'est drôle » et occulte la contre-logique qui pourrait
proposer : c'est « drôle » parce que « je » ris. Tout le problème revient à savoir qui a le droit et le pouvoir, à un
moment donné, de dire « je » sans danger, de rire sans se faire
exclure, de décréter impunément : « Ceci est de l'humour. »

Si le phénomène *Anthologie de l'humour noir* va encore plus
loin, c'est qu'il s'y ajoute un élément qui rend ce texte historiquement unique en le distinguant d'un passé rejeté et le met
d'avance à l'abri du futur : le « noir » de l'humour selon Breton est comme une marque de fabrique, le nom d'un produit
qu'il devient illicite d'utiliser sans l'autorisation de celui qui a
arbitrairement accolé l'objet et le signe. Si l'on se demande de
nos jours si « l'humour noir » a un signifié partagé par une
communauté de lecteurs, on sera vraisemblablement tenté de
répondre par l'affirmative, retombant dans le piège de la causalité inversée : si deux lecteurs ne sont pas d'accord sur l'étiquette que mérite un texte en particulier, ils sont renvoyés à
l'infini de la chaîne des « C'est de l'humour (noir) puisque je
ris (jaune) » à quoi fera écho la réponse tout aussi logique « Je
ne ris pas (jaune) parce que ce n'est pas de l'humour (noir) ».
Mais le livre de Breton ne se laisse pas enfermer dans cette
arène de discussions possibles, car il se veut l'équivalent d'un

brevet d'inventeur, qui s'assure contre le passé (avant l'*Anthologie*
« l'humour noir » n'existait pas), contre le présent (ce livre est
le seul exemple licite puisque le compilateur est le seul à avoir
le droit et le pouvoir de reconnaître et d'identifier les produits
qui seront distribués sous le couvert de la marque de fabrique)
et finalement contre le futur (puisque la Préface précise que le
livre ne doit pas être susceptible de remises à jour périodiques).
Cette récupération de l'histoire est peut-être ce que l'humour
noir a de plus hégélien[17].

Cette volonté de ne pas laisser le temps avoir de prise sur
le texte peut être considérée comme une prise de pouvoir
tyrannique de l'instrument de communication dans la mesure
où c'est l'utilisation d'un signe qui fait ici l'objet d'une régle-
mentation extrêmement rigide et autoritaire. L'humour noir
acquiert presque statut de nom propre que seul le père a le
droit de conférer.

> Ce livre, publié pour la première fois en 1939 et réimprimé,
> avec certains ajouts en 1947, a marqué tel qu'il est, son époque.
> Qu'il suffise de rappeler qu'à son apparition, les mots « humour
> noir » *ne faisaient pas sens* (quand ils ne désignaient pas une
> forme de raillerie propre aux « nègres » !). C'est depuis seule-
> ment que la locution a pris place dans le dictionnaire [...] Que
> le présent ouvrage reste ainsi en prise sur *notre époque* non
> moins que sur la *précédente* nous garde d'en faire en sorte
> qu'on puisse l'assimiler à on ne sait quel annuaire constamment
> remis à jour, qu'il prenne un aspect de palmarès dérisoire et on

---

(17) L'*Anthologie* ne sera pas considérée du point de vue historique quoique cet ouvrage aborde de biais certains des problèmes qui intéressent l'histo-
rien littéraire : en quoi le genre de l'*Anthologie* peut-il constituer un genre à
part dont les composantes correspondraient mieux que d'autres à l'idéologie,
aux valeurs des écritures produites entre 1920 et 1960 ? En revanche, le fait
que les textes qui composent l'*Anthologie* appartiennent à trois siècles différents ne sera pas traité comme un problème d'origine capable de renseigner
sur la « nature » de l'humour noir mais plutôt comme le résultat d'une lecture faite à une certaine époque et qui impose, qui écrit à rebours, une Histoire de « l'humour noir ». Le fait que « l'humour noir » commence au XVIIIᵉ
siècle est une proposition, une conséquence de ce texte.
Les spécificités anecdotiques du moment de fabrication du texte ne seront
pas traitées non plus (non pas par souci formaliste d'éliminer toute historicité
et tout contexte socio-politique d'un texte vu comme produit fini : une telle
préoccupation jurerait avec le souci surréaliste de ne pas se cantonner dans la
littérature, encore moins dans la « littérarité »). Simplement, le fait que Breton
ait hâtivement composé son livre, sous la pression de graves soucis financiers,
ne semble retrancher ou ajouter quoi que ce soit au rôle que le narrateur
omni-présent qui s'écrit « Breton » joue dans le texte de l'*Anthologie de l'humour noir* ni répondre à la question : qu'est-ce que « l'auteur » lorsque le
texte est (une anthologie) de l'humour (noir) ?

ne peut plus contraire à sa destination originelle. *(Anthologie, 5-6, je souligne.)*

Cette volonté de se rendre maître d'un nouveau concept, d'avoir droit de regard sur le moment fondateur que représente l'entrée dans le dictionnaire est à rapprocher de l'impossibilité de « définir » l'humour noir, impossibilité sur laquelle Breton insiste sans fin mais transgresse toujours. Si « l'humour noir » ne peut pas faire l'objet d'une définition, ce n'est pas parce qu'il risque alors de « disparaître ». Cet argument utilisé par exemple contre Aragon trahit une confusion entre le signe « humour noir » et les manifestations que peuvent provoquer d'autres signes auxquels on accole l'étiquette, le nom propre, « humour noir ». L'humour noir ne peut pas être reconnu, identifié ou expliqué parce que cette activité est la marque du pouvoir que seul le tyran qui a inventé le concept a le privilège d'exercer. En ce sens, l'humour noir rappelle un peu le « désir hyrcanien » de la pièce de Witkiewicsz : *La Seiche.* Tyran ordinaire affublé d'un complet bleu, Hyrcan IV a décidé de gouverner les masses apathiques et invente au fur et à mesure de la pièce son royaume, ses valeurs et ses principes. Il a ainsi décidé que l'instrument de pouvoir au moyen duquel il soumettra les hordes stupides qu'il veut dominer sera le « désir hyrcanien ». Mais comme l'humour noir, le désir hyrcanien n'existe pas avant que Hyrcan ne commence à s'en servir, et lorsqu'un des personnages lui demande de définir ce qu'il entend par cette expression inconnue, il révèle la véritable nature du pouvoir qu'il entend exercer : la maîtrise du verbe, des mots : « Une fois que j'aurai donné une définition, ce son vide deviendra un concept. » Breton-Hyrcan acquiert dès lors le double privilège de se servir du mot et de nommer, déniant à tout autre que lui le droit d'utiliser l'étiquette sans son approbation. Et si l'on se révolte contre une tyrannie par trop visible, il semble que le seul recours soit l'imitation du procédé initial, la décision de s'en référer à ses propres intuitions, ses propres codes de ce qu'est l'humour noir.

Les textes de Lucienne Rochon, Annie Le Brun, Georges Lebreton et Claude Mauriac signalent tous le même danger, illustrent tous la puissance d'assimilation de l'*Anthologie de l'humour noir :* ce texte projette sur le lecteur une grille de lecture qui ne lui autorise qu'une seule forme de réaction : le mimétisme, l'imitation. Les critiques qui se voient obligés de reproduire une anthologie de l'*Anthologie* ressemblent alors aux sujets des photographies de Man Ray qui sont souvent l'image, le reflet d'un environnement que l'œil de l'appareil

repère sur leurs corps d'hommes ou souvent de femmes. Une
des images du film « Retour à la raison », publié dans un des
numéros de *Révolution Surréaliste* pourrait servir d'avertissement, de parabole, et finalement de modèle de contre-lecture. [18]
Dans une pièce sombre dont les contours sont invisibles, un
personnage féminin se tient près de la fenêtre blanchie par la
lumière du jour. Le carré lumineux provoque le regard, s'annonce comme spectacle et la position de la silhouette de la
jeune fille semble indiquer qu'elle a cédé à l'invitation et contem-
ple ce « réel » brillant encadré pour elle. Mais dans ce décor,
la source de lumière vient de l'extérieur, si bien que ce que
nous imaginons être un paysage inerte et digne d'être observé,
est en réalité une forme d'énergie active capable de transformer
le spectateur inconscient, de s'approprier la forme et la couleur
de son corps. La tête restée dans l'ombre est littéralement
décapitée par le cadrage, et surtout, le tissu du rideau, qui est
un voile presque invisible si l'on est à l'intérieur de la pièce, se
projette en ombres épaisses sur le corps de la femme si bien
que sa propre peau porte désormais la marque, reproduit la
forme du cadre qui se prétend transparent et soucieux de donner à voir. On remarquera que le photographe doit rester en
retrait, se priver du spectacle proposé par la fenêtre pour percevoir les effets que le cadre fait subir au corps de
l'observatrice et en déduire l'existence du rideau ou plutôt comprendre que le rôle qu'il joue est indissociable de sa
texture.

La présence de deux points de vue inégalement exposés à
l'influence de la fenêtre permet d'imaginer deux lectures de
l'*Anthologie* : lorsque l'observateur s'approche de la fenêtre, il
met en évidence des phénomènes presque invisibles qui refusent
de se laisser lire, son corps reproduit en plus gros les traces du
matériau dont le cadre est constitué. L'on peut donc proposer
ici, que le mimétisme imposé par l'environnement a au moins
l'avantage de forcer le filtre à se révéler comme barrière solide,
puissante, arbitraire. Le corps zébré du personnage semble
indiquer que l'on peut, en croyant imiter, se livrer sans même
le savoir, à une activité de mise en relief, donc peut-être de
caricature et de dénonciation. Cette étude pourrait donc, dans
un premier temps, ne pas se dérober aux effets contagieux de
l'*Anthologie de l'humour noir* et choisir en toute connaissance de
cause de s'écrire, à ses risques et périls, au contact de la structure dangereuse. L'imitation peut alors devenir surenchère, et le
mimétisme peut passer du stade du camouflage à celui de l'in-

---

(18) Voir Figure 1.

timidation : en mimant un pouvoir que l'on sait illégitime au lieu de chercher à le saper, inévitablement à le dénoncer dans ses formes les plus extrêmes. Dans un premier mouvement, un lecteur peut donc tenter de ne pas lutter contre les tendances contaminantes de l'*Anthologie*, feindre de se laisser prendre à son pouvoir et obtenir le résultat apparemment inverse : proposer une image outrée et donc intolérable de cet environnement jusqu'alors accepté de tous, c'est-à-dire rendu invisible par la caution générale.

Si cette politique du mimétisme dénonciateur devenait cependant invivable, il serait toujours possible de se soustraire aux effets du cadre en faisant retraite au fond de la chambre comme le photographe. Cette deuxième lecture correspond au refus de regarder en face la charogne, équivaut à reconnaître que les effets encourus par l'observateur fasciné s'inscrivent, de façon peut-être définitive et insupportable, sur un corps privé de sa tête et strié de noir.

Le premier chapitre s'oriente donc vers la première forme de lecture et opte pour la surenchère dans l'espoir de faire apparaître les rapports sournois qu'entretient l'humour noir avec un pouvoir dictatorial. L'humour noir d'un Swift ou d'un Baudelaire, tels que les textes nous l'imposent, reconnaît-il sa propre volonté de domination ? Peut-on faire abstraction de la dimension politique des relations qui s'instaurent entre spectateurs et spectacle ? L'humour noir surréaliste n'a pas hésité à s'afficher comme une pratique révolutionnaire et hypermorale, les textes de Breton parviennent-ils à justifier cette propagande ou ne servent-ils qu'à faire ressortir ces grossiers procédés publicitaires ? Après avoir tranché de façon aussi autoritaire que l'*Anthologie* la question de la légitimité du pouvoir de l'humour dans l'espoir que le mimétisme trop visible empêchera le discours théorique de se figer en dernier mot, l'on pourra s'appliquer ensuite à faire un relevé des rayures noires que la fenêtre écrit sur le corps du lecteur.

Le deuxième chapitre essaie de faire apparaître un modèle structurel qui se donne à lire comme illustration d'une théorie alors qu'il constitue les manifestations, les symptômes d'un système de communication pathologique. Cette partie accuse l'*Anthologie* de ne vivre que de démembrements, de dépeçages et lui reproche de forcer la complicité. Quelle distance horrifiée et vertueuse un lecteur peut-il prétendre garder, quel jugement peut-il se permettre de porter sur les pratiques des narrateurs cannibales, meurtriers et cyniques, lorsqu'il prend tout à coup conscience que le texte, dont il dévore le corps morcelé et martyrisé a fait de lui un complice de jeux dont il se croyait incapable ?[19]

Mais comme l'humour noir clame à qui veut l'entendre la mort de toute légitimité, il ne permet pas non plus au texte-instrument de se constituer en victime innocente, et le lecteur n'aura pas l'occasion de s'habituer au rôle du bourreau. Ce que le troisième chapitre tentera de montrer, c'est que la structure de l'*Anthologie* est tout aussi activement agressive qu'auto-destructrice. Composé du mélange détonnant des notices d'introductions de Breton et des fragments explosifs qui s'enchaînent sans répit, ce texte est bâti comme un instrument de torture basé sur l'une des métaphores favorites du début du siècle : l'électricité. Lichtenberg donne le ton en inventant la potence sans paratonnerre et Breton reprend à son compte la puissance destructrice de la foudre et des cieux orageux qui accompagnent ou signalent le passage de l'humour noir. Au centre du texte-laboratoire est installé le lecteur-victime, pris au piège de l'*Anthologie* lorsque soudain apparaît l'étincelle destructrice de l'humour noir, de nature inconnue mais surréaliste, que la structure en va-et-vient du texte-expérience fait tout pour favoriser. Autour de ce point médian, il y a toujours un cercle de spectateurs invités à faire partie de la messe noire. Car le texte est aussi une arène où, comme dans les comédies du XVIIe siècle, une cible centrale est isolée, exhibée et donnée à voir.

Le mystère inviolé de ce point central et magique, objet de fascination et d'effroi, qui attirent irrésistiblement les critiques modernes à la suite de Blanchot, est peut-être aussi la seule solution au mimétisme forcé, un des chemins possibles hors du cercle de la tyrannie. Le dernier chapitre de ce livre tourne le

---

(19) Il serait intéressant de comparer les procédés utilisés par l'*Anthologie* à ceux que le récit du XIXe siècle met en œuvre pour obtenir un peu le même résultat : forcer le lecteur à devenir complice, ce qui implique à un certain niveau le priver de sa différence, de sa spécificité d'innocent. A ce sujet, voir par exemple l'analyse que Peter Brooks fait du texte de Guy de Maupassant, « Une Ruse ». Le récit qu'un docteur fait à une jeune cliente a soi-disant pour but de lui être utile, de lui faire cadeau d'une information et donc du pouvoir qui s'y rattache. En réalité dit Peter Brooks, le but de la manœuvre est de contaminer la jeune femme, de la rendre semblable au docteur, de lui faire perdre son innocence. « Whether or not the young wife will ever be in a situation where she will need such " services " from the doctor, she has already undergone a loss of innocence simply on hearing them offered. The listening to his tale itself implicates the listener. In this sense, the young woman's question, « Why have you told me this ? » comes too late : she has already heard, and that is irreparable. She is contaminated by the doctor's story. And we may impute such contamination to be his motive in the telling : his act of narrative is aggressive, a kind of violation ». (Brooks, 217-218)

dos au centre, refuse de faire partie du cercle des spectateurs et s'éloigne suffisamment pour ne pas se retrouver d'emblée promu au rang de victime. Comme le photographe du début, le discours garde peut-être alors une chance de voir l'invisible, de reconnaître la forme familière mais déguisée du corps sacré, exclu, qui est placé sur l'autel. Si une lectrice reste loin de la fenêtre, si elle s'exclut volontairement de la source de lumière qui la convie à des jeux fascinants, elle découvre par exemple que l'écriture de l'*Anthologie* n'est pas aussi homogène qu'il y paraît, et qu'il y a peut-être moyen d'éviter l'inévitable : la découverte se trouve la femme ou plutôt le féminin-désir, la femme-inconscient qui ne peut jamais être l'origine que du rire de l'Autre. Si l'on détourne les regards de ce point aveugle, aveuglant, aveuglé, si l'on se dé-centre pour se con-centrer sur deux extraits-détails, non représentatifs, isolés, l'on découvrira peut-être d'autres façons d'organiser l'espace du jeu tragique, nihiliste et pourtant indispensable de l'humour noir. L'on trouvera peut-être une position de lecture qui permettrait à la fois de jouir du spectacle offert par la fenêtre sans se prêter aux humiliantes transformations que sa proximité impose.

CHAPITRE I

HUMOUR NOIR, SURENCHÈRE ET POUVOIR :
AVEZ-VOUS DÉJÀ ÉTÉ GIFLÉ
PAR UN MORT ?

> *All humor demands agreement that certain things,
> such as the picture of a wife beating her hus-
> band in a comic strip, are conventionally funny*
> (Frye 225).

Loin d'ignorer l'existence de rapports de pouvoir qui assignent des rôles prédéterminés à certaines catégories d'actants, le contrat intertextuel de l'humour repose donc sur la certitude qu'en dehors des bandes dessinées, le mari (le fort) bat la femme (plus faible). Pourtant, dans les textes qui reflètent la structure de nos sociétés occidentales, deux systèmes de pensée, deux discours semblent toujours voler au secours de l'opprimé : la morale et l'humour. La morale judéo-chrétienne, ce que Nietzsche appellerait probablement la morale des esclaves[1], vise

---

(1) Dans *Au-delà du bien et du mal* (chapitre V, 190 à 201) Nietzsche présente la morale comme un système de pensée historiquement relatif, adapté aux besoins politiques d'un groupe en particulier. Sans essayer d'établir comme lui une hiérarchie entre deux codes moraux qui défendent les intérêts contradictoires de la classe des maîtres ou de celle des esclaves, on peut remarquer

à l'élimination de la violence, tente d'obtenir que le fort se charge de protéger le faible. Mais ce geste conservateur en ce sens que le pouvoir devient alors légitime, et que le « bon » maître se voit investi non seulement de la force (qu'il peut à tout moment transformer en violence) mais aussi du droit, l'habitude idéologique transformant vite en bénédiction morale l'équation pouvoir — force (= violence potentielle) — droit. Quant à l'humour, celui de Figaro, celui des valets des comédies de Molière, il raisonne par l'absurde mais défend en fait la même position : sa technique consiste simplement à retourner la proposition. Le « faible » frappe le « fort », la femme bat le mari, le fils vole le père qui a abusé de son autorité, si bien que l'équation du pouvoir « juste » retrouve sa raison d'être. Grâce à un retournement carnavalesque des rôles actantiels, la violence est redevenue légitime, cautionnée par un rire qui se perçoit comme une arme (le fameux castigat ridendo mores) mais une arme défensive utilisée à « bon » escient par un groupe social, contre une cible soigneusement désignée. Qu'il soit partisan du gouvernement au pouvoir ou favorable à l'opposition, l'humoriste se veut toujours en principe du côté d'une juste cause morale. La liberté n'est pas la préoccupation majeure de l'auteur comique classique : il reconnaît qu'il a l'ambition de châtier, soit qu'il décide, en bon courtisan, de se faire l'écho de l'idéologie dominante, soit que sa morale d'opposant le pousse à dénoncer les comportements de sa communauté. L'irrévérence de la comédie classique est un leurre, et les dramaturges sont en général très respectueux du pouvoir qu'ils considèrent comme légitime. Lorsque Molière ridiculise l'Avare ou la victime de Tartuffe, ce n'est ni le père ni la toute puissance du père sur ses enfants qu'il met en cause, mais plutôt le mauvais usage que font Harpagon et Orgon d'une fonction dont il ne faut pas discréditer l'autorité. De même, lorsque La Fontaine attaque plus ou moins ouvertement la cour, la critique du pouvoir correspond à une volonté de redresseur de

---

que la distinction qu'il établit peut fort bien servir de critère à une analyse des différents types d'humour : n'y a-t-il pas un humour des maîtres et un humour des esclaves ? L'on pourrait proposer que lorsque le fort est battu par le faible, nous avons affaire à l'humour des esclaves, celui du carnaval, des Saturnales, du monde sans lendemain de la fantaisie que Bakhtine apprécie dans les textes de Rabelais. Au contraire, Breton condamne violemment cette « constante bonne humeur d'après boire » (*Anthologie*, 19). Il semble se déclarer en faveur de l'humour du « maître », qui ne recule devant aucun tabou. Ce rire paré de cynisme et de révolte, c'est l'humour noir dont le type parfait est le « père », Ubu, « incarnation magistrale du soi nietzschéen-freudien » (*Anthologie*, 273).

torts, elle s'explique par la volonté de réconcilier force et légitimité qu'une situation politique corrompue avait dissociées.

Le rire de toute la période classique se veut moral. Il est réformiste plutôt que révolutionnaire. Lorsque public et humoriste se liguent dans un éclat de rire, le choix de la victime peut être justifié par des explications rationnelles. Le rire de la comédie se fait violence, mais c'est une violence légale qui se perçoit comme la punition d'une transgression. Le châtiment devrait permettre de retrouver un équilibre mis en danger par un écart : le Distrait perd sa perruque, le rire fuse, Ménalque lui-même « rit plus haut que les autres » de celui qui « montre ses oreilles ». (La Bruyère 226) Qu'il remette sa perruque et l'ordre sera établi.

Etroitement dépendant de valeurs préexistantes, l'humour classique se rattache aux phénomènes de répression que Freud analyse dans son essai sur le mot d'esprit, il a partie liée avec le sur-moi : il pose qu'il est légal d'interdire, que la société a le droit d'approuver l'existence de certaines catégories et d'exclure les anormaux, fous, poètes, rêveurs, distraits ou déformés. Il se sert d'un rire éminemment bergsonien qui ne se conçoit que par rapport à une société donnée, où ce qui est « naturel » (c'est-à-dire en fait normal, conforme) est déjà très précisément déterminé : il a pour fonction de « réprimer les tendances séparatistes » (Bergson, 135). Le contrat de l'humour est donc très simple, il est basé sur la présence de l'humoriste, qui désigne une victime, et de celle du public qui se rallie à ce jugement moral : le rire cautionne la règle, entérine la Loi du « bon » père et installe dans nos consciences l'opposition entre maître et tyran. Dans le discours utopique moral, le maître protège le faible, dans la comédie, le faible devenu fort frappe le tyran. Et si par hasard un texte met en scène le tyran en train d'abuser du faible, le rire devient tabou, il « se glace » comme dit Charles Mauron et laisse la place à un autre type de code, le pathétique. Le discours pathétique ne cherche pas à rendre justice aux pauvres : il se contente d'admettre publiquement leur détresse et de reconnaître qu'ils subissent une injustice. Mais en transformant les suivantes de Marivaux en Cosette, et les Valère en enfants martyrs, il ne leur rend pas le pouvoir. Au contraire, il les fige en une représentation esthétique dont il leur faudra sortir pour échapper au langage de la résignation et de la distanciation.

Cependant, ce leurre textuel hypocrite ressemble fort aux habits neufs de l'empereur. Si dans la foule, un enfant turbulent, un individu mal dompté par le sur-moi et qui continue à croire au « droit du désir à se réaliser »[2], s'aperçoit brusquement que le texte pathétique n'est qu'un tissu de mensonges, il aura tôt fait de s'exclamer que ce stratagème ne couvre le pauvre que de ridicule. Et si l'insolent, choqué par la vérité soudain toute nue, éclate d'un rire sacrilège en voyant le faible écrasé par le fort, la femme battue par le mari et le fils persécuté par le père, c'est qu'un nouveau discours vient de naître, que nous sommes en 1940, et que Breton vient d'inventer l'antidote du pathos : « l'humour noir »[3].

Avec son audace habituelle, il soutient dans la préface à la réédition de l'*Anthologie de l'humour noir* que ce texte est le premier et le seul exemple de ce nouveau genre littéraire que l'on pourrait opposer à l'humour « classique » à l'aide des formules suivantes : dans la comédie, l'esclave bat le maître et c'est drôle. Dans le recueil de Breton, le fort frappe le faible, et c'est quand même censé être drôle. L'*Anthologie* met en scène toutes les victimes typiques qui constituent la base de la grammaire des récits pathétiques : l'enfant, la vieille femme, le pauvre, tous les personnages traditionnellement sans défense deviennent les cibles de narrateurs qui font bon marché des plus simples notions de justice, de « bon goût », et qui manquent de la plus élémentaire décence. C'est en tout cas l'analyse que font les moralistes traditionnels lorsque Alphonse Allais invente un personnage qui se vante d'avoir tué sa vieille voisine : « Elle est morte et j'ai bien ri quand je l'ai vue battre l'air de ses grands bras décharnés et s'affaler sur le gazon maigre de son ridicule et trop propre jardinet », (*Anthologie*, 227) lorsqu'ils découvrent, à la fin de la nouvelle de Gisèle Prassinos, qu'il est question d'un enfant enfermé depuis la naissance dans une caisse en bois, (*Anthologie*, 434) où lorsque le narrateur du « mauvais vitrier » de Baudelaire raconte en détails la plaisanterie cruelle qu'il fait subir à ce malheureux : après avoir pris

---

(2) L'expression est de Marco Ristitch qui dans un article paru dans le sixième numéro du *Surréalisme A.S.D.L.R.* répondait à une enquête lancée par les surréalistes : « L'humour est-il une attitude morale ? » (37).

(3) Il est évident qu'une infinité de textes de toutes périodes nous semble pouvoir entrer dans la catégorie humour noir. Breton lui-même, qui tolérait pourtant si mal la notion de précurseur ou de modèle pré-surréaliste propose le XVIIIe siècle comme origine et fait de Swift « le grand initiateur ». Mais il opère une récupération exclusive de ce type de discours en se présentant comme le premier et seul utilisateur légitime d'une étiquette et en affirmant que son Anthologie est le seul corpus existant, la seule différence textuelle autorisée. « Ce livre ... a marqué, tel qu'il est, son époque. Qu'il suffise de rappeler qu'à son apparition les mots humour noir ne faisaient pas sens (quand ils ne suggéraient pas une forme de raillerie propre aux « nègres ! »).

un malin plaisir à faire monter, par un escalier étroit, le bon-
homme chargé de sa marchandise pesante, il feint de s'indigner
que le vitrier ne transporte que du verre transparent :

> Comment ? vous n'avez pas de verres de couleur ? des verres
> roses, rouges, bleus, des vitres magiques, des vitres de paradis ?
> Impudent que vous êtes ! vous osez vous promener dans les
> quartiers pauvres et vous n'avez même pas de vitres qui fassent
> voir la vie en beau ? (*Anthologie*, 138)

Et non content de le mettre brutalement dehors, le narrateur parachève sa sinistre plaisanterie en laissant choir sur le
vitrier un pot de fleurs, qui brise « sa pauvre fortune ambula-
toire » et le prive définitivement de son piètre moyen de sub-
sistance.

Malheureusement pour les amateurs de bonne conscience, il
devient vite évident, que si l'on tente de réécrire l'épisode en
éliminant l'humour noir, on retombe sans le vouloir dans les
conditions bien rodées du pathétique et sa tradition de sympa-
thie condescendante. Et l'un des paradoxes de l'humour noir
consiste précisément à dénoncer l'ambiguïté qui consiste à plain-
dre le pauvre pour mieux se dérober à son agressive demande
de justice.

Le vitrier ambulant, représentant de ces petits métiers de
pauvres désormais disparus, serait un candidat idéal à la description pathétique. Or, dans cet extrait, l'homme sandwich de
la misère populaire est sanctionné dès le titre d'une épithète
péjorative : « Le mauvais vitrier ». Il est à noter que ce personnage ne parle pas, ne maîtrise pas de langage articulé. Mais
il donne pourtant une voix à la misère en se manifestant dès le
début du texte par un son désagréable, un « cri perçant et dis-
cordant » (*Anthologie*, 138) qui monte de la rue sale et misé-
reuse et impose au narrateur le discours du faible. Le cri
inhumain du vitrier, et plus loin, son « grognement » animal
constituent pour le « je » une agression sonore : il entend le
langage de la quête, la prière, c'est-à-dire la demande d'attention et d'amour du plus faible au plus fort. Le vitrier crie, et
dérange comme les pleurs de l'enfant au berceau dont la
demande toujours insatisfaite provoque culpabilité et angoisse.

Dans un système qui vise, théoriquement, à l'élimination de
la misère, le pauvre est traité comme un échec marginal, sa vie
est une erreur dont on souhaite lui faire accepter la responsabi-
lité. A cette oppression, le vitrier répond par une contre-
violence qui consiste à ne pas chercher à modifier la représentation qu'on fait de lui mais à se faire plus visible, moins

marginal, à imposer sa présence pénible au plus puissant qui se trouve alors désarmé, car la force « positive » qui lui a permis jusqu'alors de réussir dans le monde de la concurrence, ne lui est d'aucun secours contre celui qui a déjà échoué.

Face à la contre-violence du pauvre, le plus riche invente alors l'aumône, qui est une façon de dire « Pardonnez-moi » ou de donner une sucette à l'enfant avant de tourner les talons. L'agression du pauvre n'est pas sanctionnée (ne peut donc pas être inscrite dans un genre comique car on ne rit pas de celui qui mendie), le riche accepte le chantage, se reconnaît complice d'un système de valeurs qui ne voit comme solution à la pauvreté que l'obole exceptionnelle. Les personnages pathétiques des romans du dix-neuvième siècle, les pères Goriot et les Cosette proposent une image complaisante du pauvre lamentable et le figent dans sa posture de mendiant attendrissant. La morale est sauve, la culpabilité est plus supportable que la misère, la folie ou la révolution.

Sauf, bien entendu, pour ce groupe d'enfants révoltés qu'étaient les surréalistes, et il n'y a rien d'étonnant à ce qu'ils aient littéralement inventé l'anti-texte pathétique, le discours du refus absolu : l'humour noir. Dans le cas du vitrier, le narrateur « pris à l'égard de ce pauvre homme d'une haine aussi soudaine que despotique » (*Anthologie,* 138) décide sans motivation apparente (« Il me serait d'ailleurs impossible de dire pourquoi... » 138) de s'amuser à ses dépens, en ridiculisant son modeste métier et en le privant même, par jeu, de ce seul moyen de survie.

Là est la grande originalité de l'humour noir qui refuse de céder à la contre-violence du pauvre, qui ne se résigne pas. Le narrateur ne prétend pas ignorer que le cri du vitrier constitue aussi une violence. Il ne réprime pas sa haine, sa colère, son indignation, il ne se résout pas à la mélancolie : il est en « état de fureur » surréaliste, et au contraire de Figaro qui « se presse de rire de tout de peur d'avoir à en pleurer, » (*Le Barbier* Acte I scène 2, 47) il a recours à l'humour parce que la situation le révolte trop pour qu'il puisse s'autoriser la douceur de la pitié. Lorsque le pathétique ne constitue plus un mécanisme de défense suffisamment sophistiqué, l'humoriste noir rit de ne plus pouvoir pleurer.

Lorsque l'opprimé l'oblige à écouter sa plainte agressive, il refuse de mettre fin à cette chaîne logique de causes et d'effets qui perpétue la violence. Plutôt que de considérer la réaction du pauvre comme une menace ritualisée et conventionnelle[4]

---

(4) Dans la théorie de René Girard, l'avènement du système légal et de la punition judiciaire considérée comme une violence légitime permet au groupe

que l'on peut faire cesser grâce à l'aumône du pathétique (Hélas ! je reconnais que tu as raison et que je fais partie des exploiteurs, mais vois, j'essaie de me/te racheter), l'humoriste noir contribue à grossir la boule de neige violente. Il est le spécialiste de la surenchère, c'est-à-dire d'une violence qui se sait illégitime. Dans *Le Mot d'esprit et ses rapports avec l'inconscient*, Freud résume remarquablement la situation en rapportant l'anecdote du « tapeur » venu quémander une aumône. Le maître de maison, au lieu de se montrer « généreux », « sensible » ordonne à son valet : « Fiche-le dehors il me brise le cœur » (135) Son cœur « brisé », est l'indice de sa culpabilité mais aussi l'expression de la souffrance que le pauvre lui inflige. En mettant le mendiant dehors, le maître dénonce la pratique qui consiste à se soustraire à la violence du pauvre au moyen d'un sou de pathétique. Faire l'aumône revient non seulement à autoriser la violence des pauvres mais aussi à se débarrasser d'eux plutôt que de résoudre le problème de la pauvreté. En d'autres termes, « Suivant la forte expression de Lichtenberg, là où l'on dit pardon, on aurait autrefois donné une gifle » (Freud, 152). La révolution inattendue de l'humour noir consiste, précisément, à donner la gifle, à lever la main sur les petits, les faibles, les sans défense, et même, tabou suprême, sur ceux qui ont eu le mauvais goût de mourir.[5]

Cette violence donne l'impression d'être gratuite, sans intérêt (au sens bancaire de ces termes), parce qu'elle n'entre pas dans la logique traditionnelle qui codifie les rapports maîtres-esclaves. L'humour noir ne se contente pas d'aménagements ou de réformes, il est révolution absolue. Il clame qu'il n'y a pas de « bons » pères, que tout pouvoir est un abus ubuesque que la morale de l'ordre établi prétend rationnaliser pour conserver un ascendant acquis par la force et éviter ainsi d'avoir à régler

---

de renoncer au principe du sacrifice et met un terme à l'éternelle chaîne de la vengeance individuelle. De même, dans le cas du pauvre, la société reconnaît implicitement qu'il a le droit de demander l'aumône, autorisant de ce fait l'agression potentielle que constitue sa prière. Ce système met le faible à l'abri des représailles des individus plus forts en interdisant notamment la contre-violence du rire.

(5) Il fallait être surréaliste pour oser demander « Avez-vous jamais giflé un mort ? » Car il est bien connu que la mort a la propriété d'innocenter ceux qu'elles frappent. A un enterrement, les seuls discours autorisés se rattachent au genre de l'éloge et de l'hommage attristé. (L'Etranger par exemple l'apprendra à ses dépens.) Et cependant, comment ignorer l'incommensurable violence que constitue la mort pour celui qui survit, celui qui en est réduit à raconter l'histoire. Peut-on imaginer pire agression que celle que le narrateur des « papiers posthumes » de Rigaut prétend avoir fait subir à son amie : « La première fois que je me suis tué, c'était pour embêter ma maîtresse » ?

la vengeance. L'humour noir met en lumière les liens inéluctables qui unissent autorité « légitime » et violence. Il refuse de pactiser. Cette dénonciation systématique, ce refus d'autoriser un pouvoir quel qu'il soit peut en partie expliquer que le livre de Breton, malgré des résonances nietzschéennes fort à la mode à l'époque du troisième Reich, n'ait pas eu l'heur de plaire aux censeurs du gouvernement de Vichy.

L'*Anthologie* n'est pas seulement un texte provocateur qui force le lecteur à remettre en question ses a priori moraux, c'est presque un mode d'emploi de la révolte absolue : au lieu de laisser le pauvre entrer dans le jeu de la contre-violence (qui, au mieux ne lui rapportera qu'une aumône et le statu quo), au lieu de lui vanter les joies subversives d'une journée de carnaval, l'humoriste lui propose une nouvelle stratégie : la surenchère. Dans l'*Anthologie de l'humour noir,* non seulement le fort frappe le faible, mais le faible semble tendre l'autre joue. Ce paradoxal retour à l'attitude humble des premiers chrétiens est en réalité l'expression d'une révolte qui devrait parvenir à mettre en cause le système dans son ensemble et à rendre à l'individu sa liberté. Il semble que pour Breton, les grands maîtres de ce qu'on pourrait appeler la soumission révolutionnaire sont Vaché et Swift. Pour le champion de l'Umour, le « refus de participation aussi complet que possible » passait par « une acceptation de pure forme poussée très loin ». (*Anthologie,* 376) Quant au texte de Swift « Instructions aux domestiques » que Breton a sélectionné pour l'*Anthologie,* il pourrait constituer un petit manuel révolutionnaire à l'usage des surréalistes. Le narrateur y recommande aux serviteurs incommodés par les règles arbitraires des maîtres, de respecter scrupuleusement la loi, et de pousser l'obéissance jusqu'au point où elle se retournera contre le plus fort et le forcera à assumer les conséquences extrêmes de son pouvoir. Si votre maître, insensible à l'effort incessant que doivent faire ses domestiques, insiste pour que vous fermiez systématiquement la porte, « alors, poussez-la avec tant de violence en vous en allant que la chambre en soit *ébranlée* et que tout y *tremble,* afin de bien faire voir à votre maître ou maîtresse que vous suivez ses instructions ». (*Anthologie,* 22, je souligne) La mauvaise foi du domestique le soustrait d'avance à toute punition, à toute représaille, mais son apparent respect du pouvoir n'en a pas moins pour résultat « d'ébranler » tout le système et de faire « trembler » la demeure des puissants. Le tyran défié n'a pas de raison de sanctionner le serviteur soumis : il ne peut que constater sa défaite face à cette grève du zèle qu'est l'humour surréaliste. Citons de nouveau Lichtenberg qui avait décidément le don de l'aphorisme noir : « Il était de ceux qui veulent toujours faire mieux qu'on ne le demande. C'est une abomination chez un domestique. » (*Anthologie,* 57) L'humour noir tend donc à recréer à son tour une sorte d'anti-norme individuelle qu'aucun pouvoir ne pourrait récupérer, et qui repose sur la certitude révolutionnaire que ce n'est pas la présence de la violence qu'il convient de réprimer mais plutôt l'hypocrite système qui tend à se l'approprier et à la légitimer dans l'intérêt d'un groupe en particulier. L'humour noir est donc « Révolutionnaire parce moral ; moral parce que [...] révolutionnaire » (Ristitch, 38)

Bien que ravis d'être considérés comme un groupe de marginaux subversifs en révolte contre l'ordre établi et la « morale » conventionnelle, les surréalistes n'avaient d'ailleurs pas l'intention de souffrir les accusations d'immoralisme prononcées en particulier contre l'humour noir. Ils étaient très conscients d'avoir recours à l'arme provocante du paradoxe pour traquer « sous leurs mille formes la bêtise et l'égoïsme petit-bourgeois » (*Anthologie,* 57) En soulignant l'existence de violences invisibles et interdites que la morale traditionnelle s'efforce d'éliminer, les textes de l'*Anthologie* tendent à ébranler les notions de justice et de pouvoir « légitimes » dont le sur-moi et les gouvernements humains se servent pour opprimer l'individu. Dans « Le Surréalisme et le jeu, » Philippe Audoin écrit :

> Le surréalisme est le contraire d'un amoralisme. C'est presque un hypermoralisme, bien qu'il ait pris les positions violentes que vous savez à l'encontre des morales reçues [...] Ce parti pris moral consiste à s'élever contre tout ce qui asservit, pour affirmer, avec passion, tout ce qui peut délivrer, tout ce qui esquisse un mouvement dans le sens de *plus de liberté ;* plus de liberté pour tous évidemment, mais *pour chacun aussi.* (Audoin, 453)

Le surréalisme serait donc l'hypermoralisme de la subversion individuelle, usant de l'humour noir comme du discours qui, seul, lui permet d'articuler une morale paradoxe du désir inconscient, c'est-à-dire entre autres individualiste et violent. Le rire sacrilège qu'il déclenche est « moral » non pas en dépit mais précisément en raison des positions « révoltantes » que les textes proposent en réaction contre les ordres tyranniques du groupe et du sur-moi : « Parce qu'il ne laisse en paix aucune pierre tombale des siècles, aucune pierre angulaire de l'amphithéâtre de l'éternelle sagesse, l'humour est moral, tout comme la folie, la poésie, l'amour... » (Ristitch, 38)

Tout comme les fous, les poètes et les amoureux, il est

aussi asocial et irrécupérable par une doctrine libérale ou réformiste. Sa révolution consiste à tourner en rond autour des préjugés qu'il récuse ou à tourner le dos à toute tentative de compromis. De même que Thirion a pu accuser les surréalistes d'être des « révolutionnaires sans révolution », on pourrait faire remarquer que l'humour noir est une sorte de moralité sans morale puisqu'il reste au niveau de l'individu non socialisable. Prôner la révolution du désir, redonner des droits à l'inconscient revient à souligner que toute communauté humaine repose sur un réseau de rapports de force illégitimes mais impossibles à fuir ou à justifier. L'inconscient impose sa présence au sein de la « zone interdite » dont parle Ristitch, c'est-à-dire essentiellement dans les jeux d'un langage subversif qui en aucun cas ne se peut concevoir comme la proposition d'un contre-pouvoir. Comme l'aphasie des hystériques, l'humour noir peut être considéré comme un symptôme linguistique, il est parlé ou écrit, il ne mordra pas plus férocement que le mot chien.

Aucune doctrine positive n'échappe aux corrosifs paradoxes de la pratique négative, destructrice et profondément nihiliste qu'est l'humour noir : même la « liberté chérie » qui combat avec nos défenseurs et dont la Révolution de 1789, best-seller de l'histoire de France, avait fait un concept au-dessus de tout soupçon, n'échappe pas à l'entreprise de déconstruction. Jarry s'empresse de le discréditer en le compromettant dans un slogan politico-militaire que l'on pourrait résumer de la façon suivante : « Soyez libres, je vous l'ordonne ! »

Pour l'humour noir, le passage est une démonstration fulgurante, pour un politicien ou un moraliste, ce saisissant raccourci est une démoralisante prise de conscience. Jarry touche ici à ce que Sartre appelle « l'écueil de toute politique libérale et que Rousseau a défini d'un mot : je dois contraindre l'Autre à être libre. » (*L'Etre et le Néant,* 459) Il poursuit :

> Cette contrainte, pour ne pas s'exercer toujours, ni le plus fréquemment sous forme de violence, n'en règle pas moins les rapports des hommes entre eux.

L'un des mérites de l'humour noir consiste peut-être à ne pas se contenter d'une définition étroite et conventionnelle de la « violence » et à démontrer qu'elle ne disparaît pas comme par enchantement. Rien ne se perd, rien ne se crée, tout se transforme en art, en rêve ou en fiction. Dans l'*Anthologie,* le paradoxe de la liberté est une petite scène dramatique tirée d'*Ubu enchaîné :*

LES TROIS HOMMES LIBRES, LE CAPORAL. Nous sommes les hommes libres et voici le caporal. - Vive la liberté, la liberté, la liberté ! Nous sommes libres. — N'oublions pas que notre devoir c'est d'être libres. [...] Désobéissons avec ensemble... Non ! pas ensemble : une, deux, trois, le premier à un, le deuxième à deux, le troisième à trois. Voilà toute la différence. Inventons chacun un temps différent quoique ce soit bien fatigant. Désobéissons individuellement — au caporal des hommes libres ! LE CAPORAL. Vous l'homme libre numéro trois, vous me ferez deux jours de salle de police, pour vous être mis, avec le numéro deux, en rang. La théorie dit : Soyez libres ! (*Anthologie*, 279-80)

La liberté est « para-doxale » parce qu'elle existe en marge de la norme et qu'elle subvertit la Loi, mais qu'en est-il d'un ordre où la liberté est loi, ou le paradoxe est norme ? Il devient impossible de délimiter le vrai du faux, le « moral » du « révolutionnaire », le figuré du littéral, nous évoluons dans un univers où, selon le mot de Prévert, les gens sont faits pour s'entendre mais pas pour s'écouter. Lorsque pour accomplir une révolution, l'humour noir s'attaque au pouvoir lui-même plutôt qu'à la façon dont il s'exerce, il renonce à la tactique de l'opposant qui conserve l'espoir qu'une modification viendra apporter un remède à la situation. « Je vous ordonne de désobéir » est un énoncé tout aussi invivable que « Je ris ». Si « je » ris, « je » ne peux pas en même temps me servir du langage pour en parler. La révolution du désir semble souffrir de la même limitation et en ce sens, l'humour noir est un peu l'opposé de la prose de Monsieur Jourdain : on ne peut en faire que si l'on ne le sait pas, car le langage ne peut sans contradiction se faire véhicule du désir. Lacan représente élégamment cette tension par un de ses « fatigants » jeux de mots : « La Loi en effet commanderait-elle : Jouis que le sujet ne pourrait y répondre que par un : J'ouis, où la jouissance ne serait plus que sous-entendue. » (*Ecrits*, 184) Ce qui revient à dire qu'on ne peut avoir et désirer, qu'on ne peut pas se passer du langage pour dire non, qu'on n'échappe en définitive ni à la Loi, ni au sur-moi, ni au Père.

L'humour noir rit de son désir impossible de tuer le père et de la certitude que la tentation d'une hyper-morale révolutionnaire ne satisfera jamais à la fois une société et les individus qui la composent. L'umore, comme dit Vaché est conscient de ne pas être vivable. Il ne peut être ni une philosophie, ni un système de pensée, il « n'est pas question [...] de le faire servir à des fins didactiques » (*Anthologie*, 11) « L'humour en tant qu'attitude vitale est intenable » (A.S.D.L.R., 38)

Le meurtre symbolique du père reste un acte de langage et

le lecteur de l'*Anthologie* n'est pas forcément convaincu que le fossé néfaste (selon les surréalistes) entre art, réalité, folie et santé mentale pourra ainsi être comblé. Le désir, que l'humour noir essaie de libérer de sa gangue de répression, peut affleurer, devenir presque visible, mais il reste néanmoins enfermé dans une production littéraire, confiné à l'intérieur des textes tout comme l'enfant martyr de la terrifiante nouvelle de Gisèle Prassinos, « Suite de membres » : élevé dans une boîte en bois par une mère pleine d'horribles bonnes intentions, le « petit » clame malgré tout son besoin de liberté. Ses pieds qui dépassent, deux « énormes masses » rendues informes par la répression suffisent à donner à la société peureuse une idée de la force démesurée des désirs d'un moi qui refuse le principe de réalité : « Il veut absolument marcher », se désole la mère « L'autre jour, pendant que je cuisais mes pois, il s'est mis à courir dans toute la maison. J'avais peur qu'il ne vînt à glisser sous les tapis ; mais comme ses pieds n'arrivaient pas à toucher terre, je l'ai laissé. » (*Anthologie*, 434) Ainsi de la société bourgeoise qui censure la première version de l'*Anthologie* et publie le recueil en 1966 lorsque Breton est devenu classique et que ses ailes de géant l'empêchent désormais de toucher terre.

. Le désir infini de violence, de liberté et de pouvoir dont le meurtre du père est sans doute la concrétisation la plus simple restera un rite textuel. Comme l'acte surréaliste le plus simple dont Breton parle dans le *Second Manifeste* et qui a tant inquiété les moralistes[6], l'humour noir est avant tout une suite de mots, un simulacre. Le revolver, objet fétiche des surréalistes, a peut-être la même fonction que la bobine pour le petit-fils de Freud. Incapable de retenir la mère près de lui, l'enfant jette au loin son jouet, en un geste de révolte qui lui procure un sentiment de triomphe sans pour autant modifier la situation détestée. Comme la bobine de fil devient le substitut de la

---

(6) « L'acte surréaliste le plus simple consiste, revolvers au poing, à descendre dans la rue et à tirer au hasard, tant qu'on peut, dans la foule. » (*Second Manifeste,* 155) La formule est aussi familière qu'une vieille chanson tant elle a été citée. A croire que Breton savait qu'il atteindrait son but en faisant couler beaucoup d'encre à défaut de faire couler le sang. Camus et Sartre n'ont pas jugé inutile de commenter ce qui leur paraît être une scandaleuse prise de position : dans L'*Homme révolté,* Camus parle de « théorie de l'acte gratuit » (118), Sartre, dans *Qu'est-ce que la littérature* se sert du même adjectif pour reprocher aux surréalistes de prôner le « massacre gratuit ». Il est cependant remarquable que tous les censeurs moralistes (un peu naïfs) qui se sont emparés de ce tronçon commode aient choisi d'ignorer que Breton lui-même avait éprouvé le besoin de souligner, quelques lignes plus bas : « j'ai seulement voulu faire rentrer ici le *désespoir humain en deçà* duquel rien ne saurait justifier cette croyance » (156, je souligne).

mère dont on voudrait éviter l'absence, le revolver, jouet du
petit garçon, peut représenter à la fois le père rival et son élimination. L'humour noir se situe non seulement au-delà du
bien et du mal mais au-delà du principe de plaisir. C'est Breton
qui parle de tirer au hasard dans la foule, Baudelaire qui entre
dans un restaurant en s'écriant « Après avoir assassiné mon
pauvre père... » (*Anthologie,* 264), ou le baladin du monde
occidental qui raconte son histoire « en cherchant à faire
impression » (*Anthologie* 268). Ce qui compte, pour Christy, ce
n'est pas tant que la mort du père soit ou non ' réelle ' (l'extrait qui apparaît dans le texte de Breton ne permet d'ailleurs
pas au lecteur d'apprécier) mais que la mise en scène du meurtre soit une représentation réussie, appréciée notamment par un
public qui répond à la demande d'attention et de pouvoir.
Lorsque Suzanne et Honor s'écrient :

> — C'est une histoire magnifique.
> — Et ce qu'il la raconte bien ! (270)

le père perd bel et bien son pouvoir jusqu'à la fin de l'histoire.
Qu'importe dès lors la réalité ? Jacques Rigaut, après avoir
voluptueusement décrit les sévices qu'il fait subir à sa maîtresse, peut bien se permettre d'avouer : « Il n'y a évidemment
pas un mot de vrai dans cette histoire et je suis le
petit garçon le plus sage de Paris » (398), son aveu-défi n'en-
lève rien au sentiment de puissance et de triomphe que l'on
peut ressentir en déclarant que « le plus sûr élément comique
c'est de priver les gens de leur petite vie, sans motifs, pour
rire » (398).

L'humour noir prétend assassiner sans hésiter tous les pères
qu'il imagine (surtout les pères petits et faibles comme les
enfants, les pauvres ou les vieilles dames). Il semble en fait
qu'il tue surtout le temps. Le temps qui reste à passer avant le
retour de la mère, avant la mort du père, du chef, du maître.
« Mais quoi de cette mort ? Simplement il l'attend » (Lacan,
Ecrits, 811). Le rire se déclenche lorsqu'il devient évident que le
moi en instance de jouissance, pourrait bien être lui-même
annihilé avant d'être arrivé à ses fins. Convaincu que la violence inéluctable, la violence sacrée, « expression même de ce
désir de justice suprême dont parle Breton » n'est pas plus légitime que celle que la société des hommes a institutionnalisée,
l'humoriste est infiniment vulnérable, il n'opposera pas plus de

résistance aux agressions des autres qu'à son propre désir de mort. Parce qu'il ne sort pas du symbolique, il dépend d'un public ou d'un lecteur capable d'écouter ses histoires, et lorsqu'avant de se mettre à parler, il jette un coup d'œil dans la salle, il risque fort d'être obligé de constater comme Breton avant la générale du *Baladin* à New-York :

« Trop de pères, pas assez de fils. » (*Anthologie,* 264)

CHAPITRE II

MISÈRES DU FRAGMENT

Si l'on considère que le pathétique a trouvé une expression privilégiée dans les grands romans réalistes au XIXe siècle alors que la grande comédie du XVIIe siècle avait été le véhicule parfaitement adapté à la diffusion d'un humour de classe approuvé par le sur-moi normatif, l'on peut se demander si chaque époque produit et autorise une forme d'humour particulière qui se manifesterait par la prépondérance et le succès de certaines formes. Est-il donc par exemple possible d'associer l'humour noir à une pratique textuelle particulière ? Certes, il semble difficile de supposer qu'une pratique hypermoraliste mais totalement asociale puisse donner naissance à un genre littéraire cautionné par les contemporains. De même que l'on associe le Surréalisme à tout un ensemble de manifestations artistiques, mais aussi politiques et sociales, l'humour noir dont parle Breton dans la préface est loin de se réduire à une dimension textuelle. « L'humour noir » (l'expression fait ici référence au sens le plus large du mot) se satisfait de moyens d'expression très limités, de très brèves rencontres, de contextes apparemment peu propices au discours. Il emprunte très souvent des formes de communication préexistantes sur lesquelles il se greffe et qu'il dénature un peu à la manière d'un virus. Il y a un effet contaminant de l'humour noir : dans un récit, les protagonistes, l'intrigue ou le dénouement peuvent appartenir au mode pathétique, sans que la structure du texte dans son ensemble ne réclame de modification. Un récit pathétique est toujours un récit. Une histoire qui devient moyen d'expression de l'humour noir est codée différemment. Le lecteur dira : « C'est *de* l'humour noir », comme si la catégorie humour noir prenait le dessus, submergeait la structure existante, l'humour s'infiltre dans les récits et les histoires drôles, les plaisanteries, certains objets, certaines attitudes, voire même, certaines théories.

L'humour noir, il est vrai, se passe mal d'un langage de référence, notamment lorsqu'il s'exprime sous forme d'anecdotes racontées oralement, de réparties intégrées à des dialogues ou des textes écrits. Mais en général, il n'est pas une manifestation linguistique, il est plutôt cet excès de la communication qui échappe aux mots, ce trop plein affectif qui provoque des réactions physiques et émotionnelles plutôt qu'intellectuelles. Il ne s'agit pas de comprendre mais de réagir. Breton mentionne toute une liste de supports possibles[1], mais il tient à ce que son livre soit considéré comme le seul et unique exemple légitime de sa catégorie. A l'époque où paraît l'édition définitive de l'*Anthologie,* l'humour noir n'a pas de patrie littéraire et lorsque Breton, qui se considère comme le fondateur, le père du concept lui-même, cherche à persuader ses lecteurs que sa création est en « pleine effervescence », il tire ses exemples d'arts oraux ou visuels qui n'ont pas forcément de rapport avec la littérature : « les histoires du type dit " Marie la Sanglante " (6), les gravures sur bois de José Guadalupe Posada, qui représentent « l'humour à l'état pur » (14), les jouets funèbres du Mexique, les collages de Max Ernst, et les films de Chaplin, Bunuel, ou Dali (14).

L'*Anthologie* reste donc un texte unique, une sorte de Bible expérimentale qui permet au critique d'examiner comment s'écrivent les rapports de jouissance-domination dans les textes qui mettent en scène le bourreau et la victime, le tortionnaire et l'objet de son désir. Ecrire l'humour noir revient à créer un espace où les rôles doivent se répartir entre les participants : les

---

(1) Et l'on pourrait y ajouter toutes les occasions où l'humour n'est pas (encore) texte et passe par le corps humain mis en scène par lui-même : dans cette catégorie se range le scandale provoqué par Cravan à New York à l'occasion d'une conférence sur l'humour. Invité par des amis qui cherchaient à le tirer d'une situation matérielle préoccupante, l'orateur malgré lui monta à la tribune et entreprit de se déshabiller en public, jusqu'à ce que la police, alertée par un (trop) bon public termine traditionnellement la pièce en western déjà vu : arrivée de la cavalerie, défaite de l'Indien à demi-nu que l'on entraîne pendant qu'il pousse des hurlements de " sauvage ". A remarquer que Cravan, installé en position de pouvoir devant un auditoire qui ne demandait qu'à respecter son droit à monopoliser la parole... n'a pas dit un mot.

producteurs et les consommateurs, les oppresseurs et les opprimés, le désirant et l'objet de son désir.

Le texte de l'*Anthologie de l'humour noir* peut être considéré comme le lieu où vont se déchaîner les forces de destruction qui caractérisent l'apparition du plaisir. Ce plaisir est avant tout de nature meurtrière, l'objet du désir doit être ainsi choisi ou créé de manière à ce qu'il se prête à l'assouvissement des tendances de dévoration du tortionnaire.

Le texte correspond à ce besoin : l'*Anthologie* est un modèle de la victime, sur laquelle le demandeur de plaisir agit comme sur un objet de désir, à la recherche de sa jouissance. Car la nature de la satisfaction est étroitement liée à la forme de l'objet du désir, et la présence du bourreau nécessite celle d'un objet qui se constitue facilement en victime. Si l'humour, une des formes particulières du plaisir sadique, reste réprimé comme à l'époque classique, le texte reste un véhicule, un lieu relativement neutre qui met en scène le producteur du rire, le consommateur, et une unité intra-diégétique qui ne fonctionne que comme bouc émissaire socialement choisi, et qui n'est là que pour servir de catalyseur au rire du spectateur. Le producteur de rire (il est d'ailleurs indifférent qu'il rie ou non), tire son plaisir détourné et voyeur du plaisir qu'il a suscité chez l'autre, puisque la violence faite à un personnage caricaturé est beaucoup trop empreinte de répressions déjà codifiées pour être satisfaisante : rire du « distrait » des *Caractères,* c'est rire d'un « geste », comme dit Bergson, qui est accepté comme négatif. Puisque nous attaquons ce que l'idéologie du moment nous autorise à punir, nous nous livrons à une violence apprivoisée, légitimée par un corps social et qui ne peut être la source du plaisir aigu que le moi asocial ressent dans la transgression.

Il faut rappeler ici l'analyse que Freud fait des mots d'esprit dits obscènes, dont la valeur sera tout à fait différente selon que la femme, contre laquelle ils sont dirigés, est présente ou absente. Selon Freud, le jeu de mots obscène est dans un premier temps une avance directe faite à la femme, et sa résistance va provoquer une frustration[2]. Si la volonté de séduire et de dominer qui est à la source de l'avance ne peut être immédiatement satisfaite, il y a déplacement. La plaisanterie grivoise faite en présence de la femme devant d'autres hommes est une façon de la forcer à admettre l'existence de son propre désir réprimé par la pudeur (elle rougit), et de la livrer ainsi désarmée aux autres hommes, qui, de rivaux potentiels, deviennent

---

(2) *Le mot d'esprit et ses rapports avec l'inconscient.* 143-151.

alors la source indirecte du plaisir : la satisfaction espérée se transforme en voyeurisme. Le plaisir devient, pour le plaisantin, équivalent au plaisir qu'il provoque chez autrui, puisque ce tiers est alors en position de domination, et le remplace auprès du véritable objet du désir, qui lui, s'est dérobé. En fait, la femme mise à l'écart devient un leurre. Le spectateur devient le théâtre d'un jeu de pouvoir compensatoire qui est masqué par le prétexte d'une hostilité visible, déclarée, contre un objet qui n'a pas cessé d'être objet de désir, mais dont on renonce provisoirement à la possession sadique.

Dans les comédies du XVIIᵉ siècle, ce n'est pas le texte qui est en position de victime, il n'est pas le lieu de résolution du conflit de domination. La position tierce du spectateur est, de ce fait, très ambiguë : c'est lui qui rit de la violence faite à une cible désignée par le contexte et les intertextes, mais ce rire docile n'est que le symptôme de sa reddition et de la victoire de celui qui a besoin d'un récepteur pour se faire voyeur.

Dans les comédies de Molière, le père est abusif, mais le pouvoir du père n'est ni remis en question ni mis en évidence comme fait idéologique contestable. Au contraire, le père abusif est mis en scène comme la cible privilégiée pour un public qui peut se permettre de condamner sans peur une forme vicieuse du pouvoir, et rendre hommage, ce faisant à la légitimité d'un pouvoir bien exercé. De là à dire que rire du père abusif, c'est se mettre en son pouvoir, il n'y a qu'un pas, puisque ce que l'humour noir essaie précisément de démontrer, c'est que tout pouvoir est par définition illégitime. Rire du père abusif, c'est admettre notre soumission au « bon » père, c'est rester un bon fils, un bon spectateur, roulé par le système du comique, du rire comme arme.

Dans l'*Anthologie de l'humour noir,* que Breton ouvre sur un texte du XVIIIᵉ siècle, il n'y a pas de père abusif comique, mais il y a des enfants martyrisés et des pauvres humiliés. On pourrait essayer d'imaginer une écriture qui dirige le rire contre ceux qui les torturent mais ce n'est pas la stratégie qu'adopte l'humour noir. Quoiqu'il soit plus difficile qu'on ne croit de se créer individuellement des cibles (la société s'ingénie en général à en mettre à notre disposition), l'*Anthologie* nous propose de rire lorsqu'on martyrise un enfant ou une vieille dame. Il ne s'agit pas non plus de rire parce que l'on s'identifie aux tyrans, d'être, si l'on veut, du côté des plus forts : dans le « Mauvais vitrier », ce n'est pas du vitrier que naît la source du comique, mais ce n'est pas non plus de son tourmenteur. Dans les textes de l'*Anthologie* il n'y a pas de système à triple entrée qui mette en scène le producteur sadique, le spectateur ersatz et la femme « mise à nu » selon l'expression de Freud.

Le système s'écrase au contraire en un amalgame inquiétant qui provoque la disparition de tout rôle positif que le lecteur pourrait jouer de manière à se sentir en position de supériorité par rapport à un objet risible. Le rapport entre bourreau et victime devient un centre, devient la situation susceptible de déclencher les effets de l'humour noir, et non plus simplement le rire. La femme mise à nu, c'est le texte lui-même, qui va devenir objet du désir sadique que le lecteur va ressentir. La production dite clasique se contente de formes diminuées du plaisir, non seulement parce que la domination est seulement de nature voyeuriste, mais parce que l'acte de violence que le producteur fait effectuer à son lecteur-délégué est en quelque sorte réprimé, déjà intégré dans un cadre social légitime.

Au contraire, dans l'*Anthologie,* le producteur chercherait à faire accomplir aux lecteurs les actes de sadisme et de cannibalisme que lui-même revendique comme une philosophie. Le but sera atteint, si, pour reprendre les termes de Breton, le producteur parvient à faire éprouver aux lecteurs « une activité terroriste de l'esprit », et à débusquer « en eux la bête sociale extraordinairement bornée » (*Anthologie,* 222). La ressemblance entre l'acte du producteur et celui du lecteur a d'ailleurs la paradoxale conséquence de les rendre égaux et pareillement « coupables » ou pareillement non-refoulés : nous sommes tous des tyrans *et* des juifs allemands.

Si le système classique à triple entrée nécessite l'existence d'une cible socialement prédéterminée et toujours autorisée par un sur-moi, l'objet littérairc qui sc livre aux noires machinations de l'humoriste est très différent. La nature, la structure et la forme de l'objet de désir susceptible de se prêter de façon satisfaisante aux tortures du bourreau ne sont pas indifférentes : ceci explique le « tournoi » qui précède l'inclusion dans l'*Anthologie* des fragments qui seraient de nature à répondre à l'attente d'un lecteur tortionnaire. Breton est le premier dépeceur : « Pour prendre part au *tournoi noir* de l'humour, il faut avoir *échappé* à de nombreux éliminatoires » (*Anthologie,* 16, je souligne)[3].

___

(3) « Eliminatoires », « tournoi », « échappé », la métaphore n'est pas seulement sportive mais aussi guerrière. Les textes qui composent le recueil sont désormais des actants pourvus d'une sorte de volonté de puissance mis en compétition dans l'arène de l'*Anthologie.* Cette impulsion nietzschéenne donne au mot « sur-réel » une sorte d'invisible parenté avec le « sur-homme » tandis que l'atmosphère religieuse ou du moins spirituelle créée par l'allusion

L'objet idéal, qui de par sa nature se rapproche le plus de l'humour noir parce qu'il est plus à même de se soumettre à une approche sadique, est une curieuse combinaison d'éléments perçus en général comme incompatibles : il est à la fois *vivant* et *objet*. Cette impossible ambivalence permet au bourreau de se servir des caractéristiques de la machine tout en sachant qu'il garde un pouvoir sur un corps humain. Ainsi, le « Surmâle » de Jarry met-il en scène une machine vivante, qui semble avoir été conçue de manière à se laisser tuer. Un général et un vieux-jeune soldat, tous deux passablement éméchés, tombent nez à nez, ou plutôt, nez à cadran, avec un « dynamomètre », le type même de la machine, objet fétichiste des futuristes. Or, Marcueil ne perçoit pas l'instrument comme un objet inanimé, mais comme un réceptacle de vie, de force, un défi lancé à ses tendances meurtrières, et le bon sens réaliste de son compagnon ne dissipe pas sa vision.

> « Regardez, je vais tuer la bête, dit Marcueil, très calme.
> — Quelle bête ? Tu es soûl, mon vieux... jeune ami, dit le général. » (*Anthologie*, 16)

Ce n'est pas l'acte subversif qui consisterait à mettre en pièces le dynamomètre qui tente Marcueil. Le général ne cherche pas à faire son devoir, en l'empêchant de détruire un objet utile, il est même prêt à aider Marcueil dans son entreprise carnavalesque de sabotage de la machine (« Je veux bien t'aider à casser cela, [...] ».) Mais pour que l'humour noir existe, et pas seulement le comique du carnaval, il faut que l'objet sur lequel les tendances sadiques s'exercent soit aussi vivant. Le général ne voit qu'un dynamomètre là où le révolté, relayé par la narration, est confronté à un objet indécidable, à la fois mécanique et susceptible d'être assassiné.

> Devant eux, trapue, sous la lune, s'accroupissait une chose de fer, avec comme des coudes sur ses genoux, et des épaules, sans tête, en armure. (*Anthologie*, 283)

La « chose » n'est pas simplement accroupie *comme* un

---

aux tournois du Moyen Age rappelle Zarathoustra descendant parmi les simples mortels non encore initiés. En faisant de son livre un champ de bataille, Breton semble donner à la composition d'une anthologie des allures de guerre sainte. Quel étrange Dieu ressuscité préside à l'élimination des concurrents coupables ? Les textes sont-ils des unités actives dont la vocation est de se battre ? Quel est alors le rôle du lecteur, est-il spectateur, juge et arbitre ? Qu'en est-il du compilateur ?

homme, elle « s'accroupissait » en un impossible imparfait.
« Casser cela ? Oh non, dit Marcueil, je veux *tuer* cela. » La
destruction, la démolition ne pourraient le satisfaire. Alors que
le général se contenterait de mettre en pièces, de défaire, de
subvertir un tout en le transformant en une accumulation de
fragments (« Tu ne voudrais pas que je te prête mon sabre ?
pour le mettre en deux morceaux ! »), Marcueil, lui, sait que
c'est à la vie qu'il doit attenter pour essayer de satisfaire son
désir.

Les étonnantes caractéristiques de l'objet-humain ou de l'humain dans l'objet expliquent sans doute la fascination qu'éprouvaient les surréalistes pour cette représentation équivoque qu'est
l'automate. Dans son introduction à Raymond Roussel, Breton
collectionne avec une application de fétichiste tous les exemples
historiques de mécaniques animées, alignant

> le portier androïde d'Albert le Grand, qui introduisait avec
> quelques paroles les visiteurs, jusqu'au joueur d'échecs célébré
> par Poe, en passant par la mouche de fer de Jean Müller qui
> revenait se poser sur sa main après avoir volé et le fameux
> canard de Vaucanson, sans laisser bien loin les homuncules, de
> Paracelse à Achim d'Arnim... (*Anthologie,* 289)

On sait aussi que Breton avait usé de son autorité de chef
de groupe pour empêcher ses amis d'ouvrir les graines de haricots sauteurs, qui, une fois disséquées, auraient perdu leur précieuse ambiguïté[4]. L'automate fascine de retarder le moment
où l'on décide si l'on a affaire à de l'humain ou à du mécanique, et le stade de confusion pendant lequel les deux éléments
sont encore indécidables, indissociables, est générateur d'une de
ces tensions propres à créer les « conditions atmosphériques »
(*Anthologie,* 10) de l'humour noir.

L'automate c'est l'anti-Bergson ; c'est de l'humain plaqué
sur du mécanique, c'est-à-dire un incessant va-et-vient de l'objet
à l'être. Si l'on pouvait une fois pour toutes percevoir l'automate comme un mécanisme qui nous a leurrés un moment, si
l'on pouvait lui faire endosser totalement sa nature de chose,
l'humour noir serait supplanté par le simple rire de Bergson :
on verrait l'envers de l'humain, on rirait comme lorsque l'on

---

(4) Breton rapporte l'anecdote dans la *Clé des Champs,* et Roger Caillois
la reprend dans le numéro de la *Nouvelle Revue Française* publiée à la mort
de Breton. Pour lui, cet épisode reflète leur différente façon d'envisager la
nature de la " surréalité " : il semble désapprouver la fascination que le chef
de groupe voulait artificiellement entretenir en prolongeant ce mystère un peu
simpliste. (« Divergences et complicités » *N.R.F.*)

rit d'un homme qui agit comme un automate, on adhérerait à l'idéologie qui fait du corps humain socialisé une harmonie gracieuse et obligatoire.

Le corps mécanique en société, devient risible au même titre que le père abusif, il pêche par la non-adaptation à la règle de raffinement, il jure comme une phrase dont le niveau de langue est mal choisi. Rire de quelqu'un qui agit en automate, c'est préserver la différence qualitative entre l'humain et le mannequin, et entériner l'interdit de ressemblance ou, à plus forte raison, d'ambiguïté. Le rire reste l'arme d'un système normatif, un maladroit est trop raide : « Cette raideur est le comique, le rire en est le châtiment. » (Bergson, 16)

L'automate a au contraire été conçu et fabriqué pour entretenir l'ambiguïté. C'est un leurre qui perturbe notre sens de la limite et joue avec la ressemblance interdite. Si un être se fait remarquer par son côté mécanique, il sera soumis à une critique de type idéologique, le rire naissant à l'appui. Mais une mécanique qui a l'air humain échappe aux lois qui gouvernent notre groupe social puisqu'elle n'en fait pas partie. Pourtant, le rapprochement de deux plans irréconciliables, l'animé et l'inanimé a toujours tenté l'esprit. Breton écrit :

> L'ambiguïté la plus bouleversante n'a cessé de régner entre la vie animale, surtout la vie humaine, et son simulacre mécanique. (*Anthologie,* 289)

L'intentionalité du simulacre, la volonté de tromperie aggrave le choc de la rencontre entre l'humain et le mécanique. Le mécanique est soustrait à la condamnation morale. Le sadique peut impunément saboter une machine, il ne sera accusé que de « bris de monument d'utilité publique » comme dit le général à Marcueil. Il n'y aura pas d'humour à la situation, pas plus noir que rose ou sans couleur. En revanche, si l'objet simulacre est anthropomorphique, alors, à la tendance destructrice vient s'ajouter l'ombre du meurtre et de la torture, qui nous ramène dans le royaume de l'humour noir.

Or, l'analogie entre simulacre et vivant, le rapprochement entre débris et corps humain pantelant est d'autant plus légitime que nous sommes encouragés à le faire (soutient Breton), par une approche historique désormais modifiée de ce qu'est un être humain : bâtir un automate, ce n'est pas créer les conditions favorables à un meurtre sadique, fût-il symbolique, c'est au contraire reconnaître une situation, et l'installer dans le domaine de la fiction, de la mise en scène. Pour Breton, l'automate est en nous :

Cette ambiguïté, le propre du monde moderne est de l'avoir transposée en la faisant passer du monde extérieur au monde intérieur, en l'appelant à se produire tout à son aise au-dedans même de l'esprit. La psychanalyse a, en effet, décelé, dans les profondeurs du grenier mental, la présence d'un mannequin anonyme, « sans yeux, sans nez et sans oreilles », assez semblable à ceux que Giorgio de Chirico peignait vers 1916. (*Anthologie, 290*)

Le mannequin aveugle ne fait pas partie de la batterie des cibles comiques de la comédie classique. C'est un monstre aux composantes irréconciliables, dont la perception simultanée se prête admirablement aux doubles exigences du sadique : réduire l'humain à la chose dévorable, mais faire en sorte qu'elle garde assez d'humanité pour en souffrir.

La machine n'est pas seulement vivante, mais humaine, et pourvue d'une identité sexuelle : « C'est une femelle, dit gravement Marcueil, mais c'est très fort. » (*Anthologie,* 284) Il semble nécessaire, pour la satisfaction du fantasme, que le désir du Surmâle soit assouvi par le meurtre de la femme, ou de ce que représente la femme en tant que le lieu traditionnel des jouissances sadiques ; et ceci, même si l'analogie entre le dynamomètre et la féminité ne peut se motiver que faiblement par la présence de la « fente verticale » et « luisante » que la decription isole et exhibe de par son besoin d'un sexe féminin reconnaissable. Le « Venez Madame » de Marcueil, une sorte d'invitation à la danse qui s'achève par l'éventrement cruellement visuel de la machine, reproduit l'énorme différence de potentiel entre le raffinement de la proposition faite à la femme dans une société bourgeoise policée, et la violence qu'on souhaiterait véritablement lui infliger. Voilà créée une « condition atmosphérique » que Breton n'aurait sans doute pas reniée. « Venez Madame », c'est le comble de la grivoiserie, du jeu de mots obscène : plus rien ne transparaît dans le langage de l'incroyable réservoir de violence qui accompagne l'adresse.

Et tout se passe comme si l'objet de désir devait à sa qualité de chose, son impuissance, sa passivité, et à son humanité, la précieuse capacité de souffrir et de craindre : « ... le cadran grimaça et son aiguille vira affolée deux ou trois tours, comme un être traqué qui cherche une issue. » (*Anthologie,* 284-5) Ainsi du texte de l'*Anthologie,* chose inerte et passive, et, de par sa fabrication et sa composition (donc sa nature particulière), susceptible de se prêter à l'entreprise de démolition ; mais en même temps, femelle terrifiée capable de souffrir dans sa chair : « ... les ressorts tordus se tordaient sur le sol comme les entrailles de la bête. » (284), et de donner à son bourreau le satisfaisant spectacle de son humiliante décomposition.

L'*Anthologie* est cette victime éventrée, un modèle de l'objet vivant du désir sadique, propre à satisfaire une envie de dévoration et de violence, et le texte retrouve dans sa *forme,* les éléments nécessaires à la satisfaction de ces tendances. Texte en fragments, fait de morceaux rapportés, l'*Anthologie* est une poupée de Bellmer, avant que Bellmer n'entre dans l'atelier. Il est conçu de manière à avoir le « sex-appeal spectral des écorchées vivantes ». (*Anthologie,* 416)

L'expression est de Salvador Dali ; c'est en ces termes qu'il annonce la révolution historique, les modifications radicales que subit l'objet du désir lorsqu'il devient possible, grâce à l'humour noir, de ne plus réprimer complètement les démons de la violence. Dali clame l'avènement de la « femme spectrale », c'est-à-dire de l'objet de séduction qui se prêtera le mieux, de par sa nature, à la mise en pièces, à la mise à mort :

> Aujourd'hui, j'annonce que toute la nouvelle attirance des femmes viendra de la possible utilisation de leurs capacités et ressources spectrales, c'est-à-dire de leur possible dissociation, décomposition charnelles, lumineuses. (*Anthologie,* 415)

On retrouve ici le doublé idéal : les « capacités », « ressources » instrumentales de la femme vivante vue comme partenaire sexuel passif sont « utilisées ». La séduction de la femme, son « attirance », vient de sa soumission, du fait qu'elle accepte de se laisser disjoindre. Cette chimère qu'est la machine-corps est appelée la « femme spectrale », et le mot devient synonyme de l'activité sadique de dépeçage : « La femme spectrale sera la femme démontable. »[5] « La femme deviendra spectrale par la désarticulation de son anatomie. » (*Anthologie,* 414-5) Le « deviendra » pourrait presque être dénoncé comme l'aveu d'un créateur. Cet objet de désir où s'assouvissent les tendances de démembrement (dés-, dis-, dé-...) se crée en tant que tel à mesure que le sadisme opère. Dali rêve d'un objet archétypal, choisi et/ou construit en fonction de son potentiel de dépeçage. Le texte de l'*Anthologie,* comme la femme, est à la fois ce qu'on désire couper, isoler, fragmenter, et ce qui est de nature à se laisser ainsi maltraiter.

---

(5) Et l'on notera au passage, que si le terme démontable évoque la machine, les pièces détachées, les fragments de la mécanique, c'est aussi l'activité inverse de celle qui produit une œuvre cinématographique.

Lorsque Dali suggère que l'habillement de femmes devrait comporter deux seins qui feraient saillies... dans le dos, de nouveau, la poupée de Bellmer s'impose à l'esprit comme modèle. Nous n'avons pas affaire à Quasimodo ou à Polichinelle, erreurs utilisables de la nature humaine, mais à une fabrication artificielle qui manipule l'équivoque. La poupée photographiée est un mannequin, un objet conçu pour être une image totalisante du corps de la femme et de ses attitudes, un lieu où elle se voit comme elle *doit* être, mais, ironiquement, ce corps est déjà prédésarticulé en un effort pour parfaire l'illusion de la vie. Le mannequin et son matériau fragmenté se rapproche de la femme spectrale, de ce qu'on peut martyriser, en se servant de ces lignes de coupure préexistantes (la « fente verticale » et « luisante »). Lorsque l'on photographie le mannequin humain, les déformations durables que l'on fait subir à ce corps passif et que l'on fixe sur la pellicule sont la mise en scène d'un meurtre sadique.

L'*Anthologie* a ceci de commun avec le mannequin que c'est également un tout dont on peut suivre les découpes intérieures, un texte qui s'accepte comme victime, ou du moins qui fait office d'objet de désir dont on peut isoler les parties, qui, par avance, se soumet à la dévoration. Le texte de l'*Anthologie* est lui aussi prédésarticulé, c'est un assemblage dont les coutures sont non seulement visibles mais mises en évidence. C'est le contraire d'un kit de montage, un anti-puzzle. On sait quel est l'intérêt des auteurs de la modernité pour toutes les figures qui reflètent les problèmes de fragments et de totalisation. Mais il est rare qu'une construction littéraire soit perçue comme un produit fini fabriqué tout spécialement pour que le lecteur puisse défaire et détruire. Lorsque les métaphores de puzzle et de mosaïque sont invoquées, nous avons en général affaire à des fragments qui s'organisent en vue de la mise en place d'un tout. C'est alors le processus de totalisation qui est observé, que ce soit pour le détruire ou pour noter ses limites. Même si le tout en tant que tel n'est pas valorisé, c'est le rapprochement qui fascine, et l'activité qui consiste à bâtir un texte souvent plus grand que la somme de ses fragments.

Le texte de l'*Anthologie,* de par sa forme, est constitué comme un objet exhibitionniste. Il se présente comme objet de désir similaire à la femme spectrale en ce qu'il est un tout préfragmenté et prêt à fragmenter. Et il ne s'agit pas seulement de séparer les éléments qui, une fois isolés, retrouveraient un sens, car alors, seul le problème du rapport entre le fragment et le tout serait posé une fois de plus.

Les fragments de l'*Anthologie* n'étaient pas forcément des

fragments, n'avaient pas, avant leur insertion dans l'*Anthologie*,
de statut indépendant. Ils n'étaient pas destinés à être lus sous
la forme que Breton nous livre. Même des textes relativement
courts ne sont pas cités dans leur intégrité puisque le critère de
coupure n'est pas un idéal d'unité, si petite soit-elle. L'acte de
tyrannie qui a consisté à écourter le conte de Poe, « L'Ange
du Bizarre », revient à lui donner une autre *fin* : un autre dessin, un autre dessein ... et une autre mort, accidentelle et pré-
maturée. L'amateur d'anthologies traditionnelles aura sans doute
l'impression déroutante que les failles n'obéissent à aucune
règle connue et le déçoivent dans son attente d'un tout.

Bien sûr, il n'appartient pas à Breton d'inventer la coupure
tyrannique et la sélection arbitraire d'extraits, et il n'est que de
feuilleter quelques classiques du genre pour constater quelles
libertés ont été prises avec les textes auxquels on assigne d'autorité une étiquette, parfois un titre, et dont on viole souvent
les plus « naturelles » frontières. Si par exemple, on compare
au recueil de Breton, l'*Anthologie de la poésie française* de
Gide, qui paraît en 1949, ce sont d'abord les ressemblances de
procédés qui sautent aux yeux et on peut affirmer qu'il a toujours existé, indépendamment de tout humour noir, un scandale (hypocrite) de la fragmentation anthologique. Le principe
même de l'anthologie justifie ou réclame le choix, et pas seulement pour des raisons pratiques que le lecteur classique serait
tenté d'accepter. Il est évident qu'une conception traditionnelle
du volume d'un livre lisible s'oppose à ce que la « Légende des
Siècles » soit recopiée dans sa version intégrale. Gide n'est pas
un scribe médiéval. Mais l'argument pratique n'est qu'une fa-
çade, et le compilateur qui ne se déciderait pas à choisir, à
trancher, ne jouerait pas le jeu.

Dans l'anthologie de Gide, certains extraits ont perdu leur
attache, leur point de jonction avec le tout dont ils sont tirés.
Ils n'ont plus de fonction à l'intérieur d'un tout organique, les
portions désormais isolées ne sont ni le début, ni la fin, ni
même une sous-partie reconnaissable de ce texte « complet »,
dont notre perception, pour irrationnelle qu'elle soit, est cependant fort intransigeante. Coïncidence, ou peut-être humour noir
objectif, un des fragments ainsi maltraités est extrait des *Misères*
d'Agrippa d'Aubigné, et la référence devient alors commentaire
ironique de la souffrance du texte.

Et que penser de la réduction à quatre vers isolés de
l' « Élévation », un sonnet, genre fixe par excellence, surtout
lorsqu'on sait comment travaillait Baudelaire ? (Gide, 492) Y a-
t-il une frontière entre citation et extrait, entre choix de textes
et réduction totale de l'acte de lecture à l'acceptation de vers

emblèmes ? « La Chanson du mal-aimé » s'impose sur une unique page, se résume (dans tous les sens du terme) à six quatrains réguliers, les points de suspension discrets ne révélant ni l'ampleur des coupes sombres ni la variété des passages éliminés. (Gide, 748) Le poème est autre, mais on lui a volé son nom.

Cependant la différence essentielle entre les deux anthologies se fait vite évidente : dans celle de Gide, les coupures sont loin d'être innocentes, mais elles ne sont pas exhibées, au contraire. Là est la marque du classique et ce qui oppose Breton et Gide. L'anthologie traditionnelle a bonne conscience et justifie toujours le procédé par des fins qui le rendent légitime : les raisons invoquées sont d'ordre pratiques, financières ou pédagogiques. Des générations de Français confondent par exemple littérature et « Lagarde et Michard » et quoique les critiques les plus acerbes continuent à dénoncer la collection, les reproches portent toujours sur le choix des textes ou sur les exclusions et jamais sur le principe de l'anthologie. Le recueil d'extraits se pique d'esthétique, le découpage s'excuse toujours, se présente comme un pis-aller, un mieux que rien. Le faiseur d'anthologie n'accède pas vraiment au statut de créateur. Loin de s'affirmer, comme Breton, l'arbitre souverain du tournoi noir, il se comporte un peu comme l'entremetteur, le « marieur » dont parle Freud dans *Le mot d'esprit et ses rapports avec l'inconscient.* Il en a la mauvaise conscience un peu cynique. Il tâchera de faire oublier les collages, d'isoler des unités reconnaissables au moins typographiquement : encadrer entre un tiret et un point final, c'est déjà tenter de recréer l'illusion du complet, faire oublier que la mariée a une jambe en moins.

Au contraire, les textes que Breton assemble s'affichent comme incomplets, comme parties de parties. Ce que la typographie souligne, ce n'est ni le début ni la fin, mais les failles et les coutures. Les portions de textes sont encadrées par des *lignes de pointillés* qui mettent en évidence le bord du collage et sont presque une invitation à... couper suivant le pointillé. Parfois, au lieu d'exhiber la cicatrice, le texte contient d'autres fragments eux-mêmes insérés, des paragraphes non-attribuables qui résument visiblement des portions manquantes, comme par exemple dans « Les Silènes ». (*Anthologie,* 100-104) Art de la prothèse discrète ? Le chirurgien cherche-t-il ici à restaurer la fonction d'un membre disparu en se gardant bien de signer son travail ?

Mais bien sûr, cette pratique est l'exception. Le plus souvent, le chirurgien laisse des « points » témoins, qui attirent l'œil sur la couture. Car il s'agit bien de coudre et non de tisser. Il faut rapiécer un premier état de fragmentation. Alors qu'on pourrait envisager le faiseur d'anthologie comme celui qui rassemble, réunit, panse (pense) la blessure, on s'aperçoit que le nécessaire travail de couture est d'abord une conséquence d'un premier démembrement, l'indispensable complément d'une première violence. Et recoudre les fragments en prenant soin d'attirer le regard sur la déchirure, c'est ne pas vouloir effacer l'origine, c'est fabriquer un « Homme qui rit ». « L'Homme qui rit » (humour noir ?), c'est l'enfant volé, séparé des siens, et dont le corps porte la trace indélébile de la violence gratuite qui lui a été faite. L'*Anthologie* a le rire figé d'un masque de théâtre non-motivé : un masque qui rit porté par la tragédie ou le pathétique. L'humour noir naît de ce que ce masque est fait de chair humaine, comme celui que la hyène de Léonora Carrington se fabrique dans « La Débutante » pour pouvoir prendre la place de la jeune fille autour de la table familiale : pour avoir l'air d'un être humain et non de la « chose qui était à ta place », comme dira plus tard la mère, elle a « emprunté » un visage à la bonne :

> Elle avait mangé très soigneusement autour de la figure afin qu'il reste juste ce qu'il fallait. « Certes, c'est très proprement fait » dis-je. (*Anthologie*, 430)

Ne nous y trompons pas, ce qui est recousu dans l'*Anthologie,* ce ne sont pas seulement des textes, des objets anonymes et génériques. Lorsque Picasso colle un morceau de toile cirée sur un dessin de chaise, la taille et la forme du fragment parlent moins que l'acte neuf de rapporter, et c'est l'irruption d'une autre réalité, d'une autre matière qui a pu choquer. La nature de la toile cirée ne s'en trouve pas dénaturée. Au contraire, ce que Breton enfile sur son aiguille, dans sa table des « matières », ce sont des noms, des noms propres, des noms d'êtres. Et comment est-il possible de se servir de cette référence, si l'on ne joue pas le jeu, si l'on n'associe pas chaque nom aux textes qui lui correspondent ?

Dans *Sade, Fourier, Loyola,* Barthes note que de tous les supplices platement énumérés par Sade, le seul qui retient l'attention comme étonnant, c'est celui qui consiste à *coudre* les orifices sexuels des victimes. Il y voit

> « la plus *malicieuse* des castrations puisqu'elle fait rétrograder le corps dans les limbes du hors-sexe. Coudre, c'est finalement refaire un monde sans couture, renvoyer le corps divinement

morcelé — dont le morcellement est la source de tout plaisir
sadien — dans l'abjection du corps lisse, du corps total. »
(Barthes, 172-173)

La " malice ", mélange d'espièglerie et de mal nous renvoie
à l'humour noir. Coudre les morceaux de textes revient à
fabriquer un corps privé d'ouvertures, un corps qui ne pourra
pas, par exemple, accoucher librement de son sens. Une sorte
de corps infibulé qu'il faudra violemment découdre (comme on
dit « en découdre » pendant les batailles) pour en jouir. Car,
de toute évidence, le côté visible des procédés de fabrication
influence la façon dont nous regardons le produit fini.

Le lecteur a carte blanche, toute désarticulation est d'avance
autorisée. Comme Marcueil, nous pouvons regarder la machine
et remarquer qu'elle comporte une fente, une ligne de partage
où le couteau pourra se glisser, un lieu d'autorisation de l'activité sadique qui nous permet, comme à Marcueil armé de sa
pièce de monnaie, de « tuer avec un permis » (*Anthologie,* 284).
Le texte de l'*Anthologie* semble ainsi inviter à des lectures qui
reproduisent l'acte de dépeçage : des lectures partielles et inter-
rompues, où un fragment est isolé sans frustration d'un tout
qui ne réclame pas l'achèvement. Un recueil de fragments dis-
continus n'est pas exigeant pour le lecteur. Il se livre, se donne
sans ordre impératif, il ne fait pas au lecteur la violence d'attendre de lui un processus ordonné, lire du début à la fin par
exemple.

Certains textes encore plus modernes ont réussi à retourner
à leur avantage cette non-demande de linéarité, et en font une
violence inquiétante et déroutante pour le lecteur. *Glas* est une
anthologie sadique : un texte qui retourne en sa faveur les
lignes de coupure. Les deux ou trois colonnes de texte nous
mettent au défi de trouver le moindre réconfort à une lecture
linéaire rendue strictement impossible. Alors que l'*Anthologie*
laisse faire violence à un corps dont on ne vénère plus la totalité,
Glas s'approprie l'activité de fragmentation et impose comme
une nouvelle loi le spectacle d'un corps textuel disgracieusement
démembré devant nos yeux.

Pourquoi faire passer un couteau entre deux textes ? Pourquoi, du moins, écrire deux textes à la fois ? Quelle scène joue-
t-on ? que désire-t-on autrement dit, de quoi a-t-on peur ? Qui ?
De qui ? On veut rendre l'écriture imprenable bien sûr. Quand
vous avez la tête ici, on vous rapelle que la loi du texte est
dans l'autre, et ainsi à n'en plus finir. (Derrida, 76)

C'est alors le lecteur qui voit sa tête séparée de son cou, ou du moins, dans un premier temps, grotesquement tournée dans la direction opposée à la destination vers laquelle il tend. Il subit la violence que le texte de Breton souffre dans sa chair et la déformation qu'on lui impose n'est pas très différente de ce que Sartre, quelques décades plut tôt appelait l' « obscène ». Car si le texte de Derrida peut se présenter comme l'héritier des pratiques textuelles de l'Anthologie de Breton, il fait aussi écho à la tentative de théorisation que Sartre entreprenait exactement à la même époque. En 1943, la même année que la première version de l'*Anthologie de l'humour noir,* paraît un essai qui lie très intimement sadisme (thème que la guerre rend tristement d'actualité) et regard que l'on braque sur une chair-ustensile. Dans *L'Etre et le Néant,* sans humour noir, Sartre théorise le regard comme sadisme potentiel : de la même manière que si l'autre me regarde, « je suis *possédé* par autrui, le regard d'autrui *façonne* mon corps dans sa nudité... » (413, je souligne) si l'on inverse l'opération, lorsque je lis, que je regarde, je cherche à m'approprier, et qui plus est, mon regard a le même pouvoir médusant d'objectifier l'autre alors même que je reste conscient d'avoir affaire à un être capable de souffrance et de honte. Le regard tue l'humanité : « ... dès que je regarde vers le regard, il s'évanouit, je ne vois plus que les yeux. » (390)

Déformer un mannequin ou le corps du lecteur, les figer dans une attitude artificielle et pénible contribue à faire naître une perception grotesque, « obscène » qui est en fait le prélude à des jeux plus violents, plus cruels. A long terme, il faut envisager l'arrachement, le détachement de la partie ainsi isolée en bizarrerie non-fonctionnelle.

La désarticulation peut être interprétée comme le premier stade du démembrement. C'est le maintien d'un tout, mais le sacrifice d'une forme et d'une fonctionnalisation du tout. Les poupées de Bellmer ne sont pas éparpillées, elles conservent leurs membres, toutes les pièces du puzzle. Mais au prix de quelle violence faite à la forme ! A l'issue d'une lecture désarticulatoire, nous avons réinventé un tout méconnaissable, défiguré, qui devient pour le regard obligatoirement sadique, un objet de plaisir. Or, il n'est pas indifférent que la lecture soit au premier chef une activité *visuelle,* un regard porté en pleine connaissance de cause sur un objet. Et si cet objet-chair-femme est appréhendé avec sadisme, il se laisse approprier comme vision obscène et grotesque.

Lorsque le spectateur ne « voit plus que les yeux » de l'être humain qu'il observe, il ne perçoit plus que des objets ronds et globuleux, qu'une lame de rasoir pourrait inciser, séparer en deux comme des paupières, peut-être pour vérifier si la merveilleuse coïncidence de Lichtenberg n'était pas à la portée de la création humaine. On se souvient de la fascination qu'éprouvait Breton pour la phrase de Lichtenberg : « Il s'émerveillait de voir que les chats avaient la peau percée de deux trous, précisément au niveau des yeux. » (61) Et s'il n'y a même plus d'yeux, c'est sans doute que nous sommes confrontés au mannequin sans yeux et sans oreilles dont nous avons un modèle dans l'inconscient.

Si je force le mannequin à « adopter des postures qui le déshabillent entièrement de ses gestes et qui révèlent l'inertie de sa chair », je fais apparaître ce que Sartre appelle l'obscène, ce qui est une formulation moralisante d'un phénomène qui s'apparente aux effets de l'humour noir. « L'obscène, dit Sartre, c'est une espèce de l'Etre-pour-Autrui qui appartient au *genre* disgracieux. » (*L'Etre et le Néant*, 390), ce qui nous renvoie en partie au rire de Bergson, frappant d'infamie le corps mécanique. La raison pour laquelle cette théorie, applicable à l'*Anthologie* est absolument non-reproductrice d'humour noir, c'est que Sartre porte un jugement implicitement négatif, classique, dirons-nous, sur les pratiques du regard sadique qu'il analyse. Ainsi s'oppose-t-il à Minski, qui lui, théorise dans l'humour noir lorsqu'il fait remarquer qu'en Afrique, ce que nous avons « la folie de nommer perversion n'est jamais que l'état naturel de l'homme... » (*Anthologie*, 45) Minski est la version humoristiquement euphorisante des conclusions de Sartre : « ... il n'est pas plus extraordinaire de manger un homme qu'un poulet. » (*Anthologie*, 47) Mais si le jugement de Sartre l'exclut du tournoi de l'humour noir, son analyse reste pertinente :

> L'idéal du sadique sera [...] d'atteindre le moment où l'Autre sera déjà chair sans cesser d'être instrument. (*L'Etre et le Néant*, 453).

Si le point de départ est une représentation, un modèle anthropomorphique du corps humain, désarticuler le texte, c'est le forcer à devenir un mannequin figé dans des poses grotesques, c'est mettre en scène, photographier la douleur qui ne se révolte pas. Pouvoir regarder un fragment après l'autre, c'est façonner le texte, le recréer, le pétrir avec une violence impunie et souvent indécelable. Le texte démontable se pose comme un objet indécidable, que l'on traite, non comme un objet, non comme un corps, mais comme s'il était devenu inutile de faire la distinction, comme si l'humanité avait disparu. Ce n'est plus une objectivation, coupable et réversible, c'est l'exhibition d'un produit qui s'accepte d'avance comme sacrifié.

Comme la femme blanche capturée par les prêtres dans
« The Woman Who Rode Away » de D.H. Lawrence, le texte
accepte finalement d'être dévoré, d'être du vivant à digérer.
Ainsi, la femme spectrale de Dali :

> l'exhibitionnisme féminin deviendra furieusement analyti-
> que, permettant de montrer chaque pièce séparément, d'isoler,
> pour les donner à manger à part, des anatomies montées *sur
> griffes,* atmosphériques et spectrales, comme celle, montée *sur
> griffes* et spectrale de la mante religieuse. (*Anthologie.* 415)

Le corps est désormais une machine démontable ; il n'a de
valeur qu'à être passivement exhibé, choisi parmi d'autres et
serti (« sur griffes ») en un acte apparemment vénérateur et
pourtant extrêmement violent (les griffes sont aussi les instru-
ments du prédateur). Rien à voir donc avec les fantaisies
mécaniques sous verre que l'on expose dans les musées des
sciences pour révéler aux curieux les mystères des rouages en
mouvement. Le plaisir du démontage n'a rien de la curiosité
scientifique qui consiste à opérer des découpes analytiques dans
le but de maîtriser le fonctionnement pour pouvoir ensuite
recréer un objet semblable ou équivalent. Une telle satisfaction
serait par trop formaliste et intellectuelle. La jouissance ne survient pas seulement de la contemplation d'un univers désintégré,
la mise en pièces est l'acte qui précède l'avalement du corps
vivant afin que s'accomplisse le rituel tabou de la violence
absolue. Il nous faut un cadavre et une tombe à profaner.

D'ailleurs on rapporte que, le jour où des pilleurs de tombe
ont essayé d'exhumer les restes du corps de Breton pour en
extraire la liqueur essentielle d'humour noir, ils ont trouvé sous
la pierre tombale, un petit homme noir armé de fil, d'une
aiguille, et d'une grande paire de ciseaux. A la question éberluée
des pilleurs de tombes : « Mais que faites-vous donc ? », Breton
aurait répondu : « Laissez-moi travailler, je me décompose. »

Fig. I
Man Ray, Scène du film : *Retour à la Raison* (1923),
publiée dans *Révolution Surréaliste* I, 1ᵉʳ décembre 1924.

CHAPITRE III

CHAISE ÉLECTRIQUE OU PARATONNERRE ?

Le texte de l'*Anthologie* ne peut pourtant pas se permettre de se constituer en victime vertueuse ou même masochiste qu'un lecteur dépècerait à plaisir. Toute légitimité ayant disparu du monde du pouvoir noir de l'humour, il est hors de question qu'un des pôles de la communication, fût-il messager, message, ou destinataire, soit le seul responsable, le seul coupable, le seul tortionnaire. Certes, la composition de l'*Anthologie* se prête à des lectures sadiques et force le lecteur à partager les jeux auxquels Bellmer s'amuse avec la poupée, mais le texte s'empresse de faire subir à ses spectateurs fascinés, le même genre de violence. Comme le cadre lumineux séduit la silhouette sur la photo de Man Ray, la structure agit alors comme un piège qui attirera l'imprudent voyeur jusqu'au moment inéluctable où le rideau viendra s'imprimer sur lui : il sera alors trop tard pour reculer, son propre corps aura subi les métamorphoses qu'il croyait faire endurer au texte. Et l'*Anthologie* se sert, pour attirer et séduire puis tourmenter ses lecteurs, d'un réseau de métaphores que le début du vingtième siècle avait mis à la corde : miracle de la technologie invisible, reste apprivoisé de la foudre et des éclairs divins, mais parfois aussi, instrument de torture au service des régimes totalitaires modernes, l'électricité est au centre de l'imagination surréaliste et des machinations de l'humour noir.

Aujourd'hui, l'électricité sera coupée.

Vous avez entendu, interprété, enregistré, vous le savez. Votre esprit le sait, vos facultés de raisonnement fonctionnent.

Et machinalement, la première chose que vous faites en vous levant, c'est... d'allumer la lumière. Ou plutôt, d'actionner l'interrupteur. Première surprise, premier choc... « Ah oui, c'est vrai ! » Vous pensez que vous devez bien avoir quelque part une lampe à piles, pénétrez dans la salle de bains en tâtonnant, vos doigts cherchent et trouvent l'interrupteur, et vous anticipez un soulagement, un mieux, la lumière : ... « Ah oui, c'est vrai ! » le commutateur n'est plus qu'un inesthétique et incompréhensible objet. Deuxième espoir déçu, deuxième choc. Cette fois-ci, vous croyez avoir appris. Vous vous résignez : vous allez prendre une douche dans l'obscurité. Vous ouvrez tout grand le mélangeur et tendez la main vers le jet d'eau, attendant patiemment le plaisir de l'eau chaude. En vain. Vous attendez pourtant longtemps, plus longtemps qu'il ne faudrait vraiment, avant de vous souvenir que la chaleur a un lien direct avec l'étincelle qui, décidément, ne circulera aujourd'hui pour aucun civilisé : « Ah oui, c'est vrai ! » Troisième choc, troisième prise de conscience agacée. Pour vous prévenir contre une nouvelle désagréable attaque surprise, vous commencez à passer systématiquement en revue tout ce dont vous allez effectivement devoir vous passer : pas de chauffage, pas de sonnette, pas de stéréo, pas de télévision, le manque se fait raisonnable, actif... vous branchez le rasoir électrique...

Je gage que vous jurez...

Dans *Feux et Signaux de brume,* Michel Serres constate que le modèle de la ' machine statique ', qui domine toute l'imagination occidentale de la période classique, cède le pas à la rêverie du moteur lors de la révolution industrielle, lorsque la thermodynamique élève le producteur de mouvement à la dignité d'étalon représentatif[1]. Mais si la magie des bielles en action semble influencer les constructions métaphoriques et structurelles du dix-neuvième siècle, le vingtième pourrait bien être à la fois la proie et le maître d'une nouvelle sorte de « machine » : le circuit électrique, et son générateur. Après la première guerre mondiale, l'homme va se mettre à organiser sa

---

(1) Michel SERRES, dans *Feux et Signaux de brume* identifie le moment historique où le moteur devient la métaphore favorite et le modèle potentiel pour tout un siècle.
     ... Jusqu'à Laplace et y compris, le monde est un système et la vision du monde systématique, parce que son modèle est l'horloge, [...] Tout change à la révolution industrielle. Contrairement au langage ordinaire, la machine, à partir de Sadi Carnot, passe au deuxième rang. [...] Ce qui passe au premier rang, c'est le producteur de mouvement, le producteur de forces, le moteur. (209-210)

vie autour de *l'attente,* de l'attente qu'un fluide à la fois dangereux, mal connu et banal se transforme en service quotidien. Le moindre de nos gestes peut désormais recréer le miracle atmosphérique de l'orage, des deux pôles soudain mis en présence. Mais de la foudre sacrée qui peut en résulter, nous ne percevons que les pauvres effets apprivoisés. Prométhées blasés, nous ignorons l'attente fiévreuse des premiers chercheurs, nous nous attendons sans cesse à une réaction prévisible, et notre espoir n'est pas aigu, il ne provoque ni incantation ni prière intérieure. Nous vivons suspendus aux lèvres d'une différence de potentiel sans même nous en émerveiller.

Supposons à présent que votre réveille-matin soit électrique. Le jour de la coupure de courant qui vous isole du monde et qui transforme le système entier en une somme d'éléments inertes, vous auriez perdu votre temps, perdu le Temps. L'attente inconsciente de la fin du rêve n'aurait jamais pris fin. Qui sait, vous ne vous seriez peut-être jamais réveillé. Autant dire que depuis l'ère de l'heure digitale et silencieuse, le réveille-matin semble avoir encore plus de ressources qu'à l'époque où Jacques Vaché faisait de lui le champion de « l'umour », le Dieu noir des puissances de l'attente, des pôles mis en présence, du passage éphémère du flux mystérieux... de l'esprit moderne[2].

Citons à ce sujet André Breton, qui cite Marcel Jean et Arpad Mezci, qui eux-mêmes citent Vaché, dans un livre sur *Maldoror.* Peut-être la chaîne ainsi constituée attirera-t-elle l'étincelle de notre propre plaisir humoristique.

> « Jacques Vaché lui-même s'était demandé : " Pourquoi donc le réveille-matin a-t-il tant d'umour ? " On pourrait répondre que c'est parce que cette mécanique *désorganise à la fois les deux systèmes conscients et inconscients,* arrêtant brusquement le sommeil et le rêve, précipitant l'individu dans la vie éveillée, tandis que se prolonge un son musical obsédant ; il n'y a plus alors, chez la malheureuse victime, ni convergence ni divergence mais un état psychique absolument troublé, voisin du néant, état beaucoup plus long à se dissiper que ne le supposent communément ceux qui ont le malheur de se servir de cet ins-

---

(2) Breton cite les *Lettres de Guerre* de Vaché dans l'*Anthologie de l'humour noir :*
   « [...] EXEMPLE : vous savez l'horrible vie du réveille-matin — c'est un monstre qui m'a toujours épouvanté à cause du nombre de choses que ses yeux projettent, et la manière dont cet honnête me fixe lorsque je pénètre une chambre — pourquoi a-t-il donc tant d'umour, pourquoi donc ? » (370-80)

trument. » Les circonstances font que cet état d'instabilité inor-
ganique fasse aujourd'hui sans discontinuer le tour du cadran.
Ceci ne saura manquer de promouvoir au plus haut rang dans
l'ordre de la salubrité et des soins d'urgence, les très rares
concentrés de résistance absolue que sont les *Lettres* dites *de
guerre* de Jacques Vaché et les *Jours et les Nuits,* journal d'un
déserteur, d'Alfred Jarry qui gardent toute leur vigueur de
contrepoison[3]. (*clé des Champs,* 206)

Levons à notre tour les « grands lièvres noirs de l'humour »[4] : il semble qu'ils aient nom « victime », « troublé »,
« néant », « malheur » et « instrument ». Le réveil : choc,
décharge. Le matin, l'umour vous réveille en sursaut, vous perturbe irrémédiablement. Breton soutient que cette « honnête »
mécanique, ou plutôt ce « monstre » qui a toujours « épouvanté » (*Anthologie,* 370). Vaché nous *empoisonne* littéralement
l'existence. Au point que le seul antidote connu soit une dose
concentrée, un « condensé » de « résistance absolue », qui se
trouve ici être de nature textuelle : les *Lettres de guerre* ou le
journal de Jarry. Ce n'est donc point par hasard que Breton
décide d'offrir aux deux inventeurs, des places de choix dans ce
concours Lépine de l'humour noir qu'est l'anthologie de 1940.
Notons que la pharmacie de Breton reste électriquement cohé-
rente : la « résistance absolue » serait l'élément théorique (impossible) qui stopperait la progression néfaste du fluide, le passage destructeur du courant entre deux points donnés, sans
toutefois n'être qu'un isolateur, un plastique inerte placé entre
deux pôles électriques, un saboteur de circuit, un empêcheur en
somme de tourner en rond.

Que le lecteur soit bien persuadé, en dépit de ces préliminaires théoriques, qu'il ne s'agit pas ici de tenter de « définir »
l'humour noir, ou rose, ou autre. Il devient banal d'expliquer
que bien des spécialistes s'y sont essayé avec un succès (ou un
manque de succès) tout à fait décourageant pour les nouveaux
venus. Il est décidément risqué de s'attaquer à l'humour. Inutile
d'essayer « d'épuiser le sujet » (*Anthologie,* 13) menace Breton, et

---

(3) Ce texte est intitulé « Trente ans après » et fait partie de *La Clé des
champs,* 153 (Paris : Jean-Jacques Pauvert, 1967).

(4) Dans *La Clé des champs* aussi bien que dans l'*Anthologie,* Breton utilise systématiquement l'image du « chasseur » de textes humoristiques, dignes
d'être sélectionnés pour prendre part au « tournoi noir de l'humour » : On lit,
à la fin de la Préface de l'*Anthologie :*
      « Nous ne nous défendons pas d'avoir apporté dans ce choix une
      grande partialité, tant il est vrai qu'une telle disposition nous paraît seule
      de mise à pareil sujet. La plus grande crainte, la seule cause de regret
      pourrait être, en l'occurrence de ne pas s'être montré assez difficile. » (16)

comme s'il avait peur que ce mot de « sujet » ne passe inaperçu, il insiste immédiatement : « il » aura toujours le dessus
« il » est plus résistant que nous. A vouloir faire preuve de
trop de curiosité ou de trop de rigueur intellectuelles, on risque, comme « M. Aragon », de tarir la source où l'on voulait
« noyer le poisson » (le poison ?), de ne plus voir se produire
l'étincelle :

> l'humour ne lui a pas pardonné, et il n'est personne à qui, par la
> suite, il ait plus radicalement faussé compagnie. (*Anthologie,* 13)

Contentons-nous de nous demander en quoi l'*Anthologie*
elle-même est peut-être produite sur le modèle d'un circuit électrique, destiné à permettre à un lecteur de faire l'expérience de
l'éclair noir de l'humour. Comment bâtir un réveille-matin,
comment écrire un texte qui soit autre chose qu'un « traité »
de l'humour à la manière de George Meredith ou de Roger
Escarpit[5].

Puisque la notion d'anthologie nous fait espérer une collection d'exemples et nous dispense jusqu'à un certain point de la
recherche d'une définition, laissons-nous tromper pour l'instant
par cette attente et demandons-nous comment l'*Anthologie* peut
réussir à recréer les « conditions atmosphériques dans lesquelles
peut s'opérer entre les hommes le mystérieux échange du plaisir
humoristique ». (*Anthologie,* 10)

Les « conditions atmosphériques » orageuses, qui caractérisent l'*Anthologie* justifient sans doute le titre donné à la préface
(« La Préface pourrait être intitulée : " Le paratonnerre " »)
mais sont également perceptibles au niveau de la structure du
texte et des résonances qu'un tel générateur ne va pas manquer
de produire chez le lecteur. Suivre à travers l'*Anthologie de
l'humour noir* une rêverie de l'électricité, ce n'est point tant
rechercher dans le texte tous les exemples de thématisation évidente, tous les emplois de métaphores explicitement empruntées
au domaine de l'électricité : même si de telles références ont pu
provoquer d'abord une prise de conscience ou l'intuition de
l'existence d'un modèle, il semble beaucoup plus convaincant
de montrer que la structure du texte dans ce qu'elle a d'unique
et de singulier, satisfait aux exigences de fonctionnement d'un
circuit électrique, car elle est composée des éléments nécessaires

---

(5) Le titre de l'essai de George Meredith est révélateur : *An Essay on
Comedy and the Uses of the Comic*. Le mot « uses » semble indiquer que le
comique est utilisable de façon délibérée et consciente.

à l'utilisation d'un courant généré par les forces cosmiques qui déclenchent par exemple la foudre. D'autre part, que les effets produits sur le lecteur par la mise en place d'un tel modèle sont effectivement comparables aux résultats qu'on obtiendrait en infligeant une décharge électrique à un corps humain. Enfin, que la cohérence que l'on perçoit alors entre la nature et la fonction d'un tel texte ne sert pas forcément à justifier le cheminement critique parcouru, mais procure la satisfaction que l'on éprouve à démonter un réveil, à le remonter soigneusement, et à constater, le lendemain matin, qu'il sonne toujours.

1. Les forces en présence

Il s'agit donc de décrire un mécanisme qui met en jeu un système de forces, sachant que ces forces sont visiblement destinées à entrer en conflit dans le cadre d'un texte-spectacle, d'un texte-expérience préparé pour le lecteur. Quelle est donc la nature de l'électricité associée à l'humour noir, comment se manifeste-t-elle, quelle est son origine, son utilisation, son intérêt ?

Il est évident qu'en matière d'électricité, les surréalistes ont choisi d'emprunter un certain nombre de métaphores arbitrairement sélectionnées : ils n'ont par exemple jamais montré le moindre intérêt pour l'aspect mathématique du phénomène. Breton n'a visiblement pas besoin de savoir que $U = RI$ pour bâtir à sa façon un circuit textuel qui doit provoquer, grâce à l'utilisation de certains concepts clés, les mêmes résultats qu'une équation abstraite.

Les manifestations de l'électricité auxquelles l'*Anthologie* fait appel sont essentiellement lumière et chaleur. Encore faut-il préciser : un soudain dégagement, une « explosion » (9) de lumière et de chaleur, c'est-à-dire, une immense et fugitive intensité. L'humour noir est toujours une décharge brève mais extraordinairement puissante. Il s'apparente en ce sens à une électricité qui en serait toujours à un stade expérimental, et non à un phénomène dont on utilise sans sourciller le passage que la science a su rendre apparemment linéaire. L'humour noir n'est pas un courant continu, il est l'étincelle encore visible et éphémère que le chercheur s'émerveille de voir paraître entre deux pôles. Aujourd'hui comme en 1943, l'humour noir en est

encore au stade de la découverte. Chaque fois qu'il ouvre le
livre, le lecteur vient juste d'être baptisé par son inventeur et se
reconnaît comme l'aurore boréale de Fourier à son « fluide
chaud et lumineux ». (69) Parlant de cet auteur, Breton écrit :

> Il est certain qu'un humour de très *haute tension,* ponctué des
> *étincelles* qu'échangeraient les deux Rousseau (Jean-Jacques et le
> Douanier) *nimbe ce phare,* l'un des plus *éclairants* que je sache
> dont la base défie le temps et dont la cime s'accroche dans les
> nuées... (67, je souligne)

Lautréamont, lui, est une « figure éblouissante de lumière
noire » (76), et fait ainsi écho à Sade dont Swinburne dit
qu' « on voit en flamboyant cette tête foudroyée, cette vaste
poitrine sillonnée d'éclairs... » (175) (Notons que si le traduc-
teur est correct, c'est le sujet qui observe qui se met à flam-
boyer devant le spectacle, mais que la formulation laisse planer
des doutes intéressants.)

Ce dégagement, cette « émanation » (9) de lumière s'accompagne d'une chaleur intense qui rapproche le noir de l'humour et le blanc brûlant. Vaché a un sur-moi « chauffé à
blanc » (376), la poitrine de Lautréamont est une « cage
d'amiante qui enferme un cœur chauffé à blanc » (176). Sade a
les « lèvres brûlées comme un souffle d'idéal orageux » (175).
Chez Nietzsche, parce que « l'humour n'a jamais atteint une
telle intensité », « il se peut que le moi se dissolve à cette tem-
pérature » (170).

Les auteurs des extrait de l'*Anthologie* sont traités par Breton
à la fois comme des éléments techniques qui peuvent faire l'objet
de présentation objective et comme des sujets dont les rapports
avec le lecteur seront vite apparents : cette façon de décrire les
manifestations de l'étincelle fait intervenir un sujet qui participe
aux expériences et en subit les effets. Le « en flamboyant » avertit
les témoins du caractère contagieux du phénomène qui a visiblement tendance à se « propager » (5), et l'exemple de Nietzsche
suggère les capacités destructrices d'un courant qui ne reconnaît
pas les limites du « je », et traverse les frontières de l'identité
humaine, qu'elles soient corporelles ou freudiennes.

Dans l'*Anthologie,* l'étincelle par excellence, le modèle cosmique de l'arc électrique sur-puissant est la foudre ou l'éclair.
L'humour noir ne se conçoit pas sans références à l'orage, et
si les manifestations de l'électricité sont métaphoriquement as-
sociées à l'univers technique de l'appareil, de la machine, fût-
elle infernale (177, 291), il semble que les constructions textuelles ne sont là que pour capter, attirer au besoin et faire

travailler cet éclair dont l'origine reste cosmique et surhumaine. L'imagerie de l'humour noir vénère la foudre comme point de départ, mais l'électricité, dont les manifestations extrêmes sont attendues avec ferveur, est ce qui « jaillit » on ne sait d'où plutôt que ce qu'on génère. A ce stade expérimental et encore magique, il n'y a pas vraiment « production d'électricité » mais plutôt une série d'essais, de tentatives pour recréer les conditions dans lesquelles on voit l'éclair se produire naturellement. Le savoir dont se vante Breton n'est pas celui du producteur. La fabrication de l'*Anthologie* suppose qu'il ait acquis la capacité de reconnaître la présence de l'électricité, qu'il soit désormais apte à bâtir un texte-expérience, qui, dans l'état présent des recherches, recréera les conditions atmosphériques qui font apparaître le miracle de l'électricité. La foudre-humour nous garde les côtés mystérieux et inquiétants des phénomènes intenses qu'on ne maîtrise pas encore, et qui stimulent l'imagination du chercheur, lui font inventer de nouveaux appareils, des circuits qui lui permettront de se servir de la puissante intensité.

L'*Anthologie* est cet appareil humain fabriqué avec méthode, que Breton protège d'un paratonnerre, parce qu'il sait très bien ce qu'il risque d'attirer sur et dans son livre en y incluant Villiers de l'Isle-Adam pour qui « L'écureuil de la foudre bondit de cime en cime dans les bois » (152) ou Baudelaire et le « Mauvais Vitrier » qui voit « son palais de cristal crevé par la foudre » (20), sans parler de Sade qui est décrit sous les traits d'une sorte de Dieu-foudre, d'un homme-orage (ou d'un électrocuté ?). Comme lui, son œuvre est un « terrain foudroyé » (20), et il partage ce sort avec Swift, le « véritable initiateur » de l'humour noir qui affirmait qu'il mourrait comme un « arbre foudroyé » (21).

On comprend mieux que la foudre, phénomène dont l'humain n'est pas la source mais qu'il peut observer, ait toujours fasciné les surréalistes, ait été pour eux un symbole privilégié, si si l'on se rappelle qu'ils ne considéraient pas le poète (ou l'écrivain en général) comme l'inspiré, celui qui serait à l'origine de l'écriture. Il est plutôt l'homme ordinaire mais attentif, qui se montrera capable de provoquer un rapprochement entre des pôles diamétralement opposés dans la vie courante, et de guetter sans répit l'avènement fortuit de l'extraordinaire, du merveilleux, de l'inconscient. En ce sens, l'humour noir-foudre est intimement lié aux notions de « hasard objectif » et de « rencontre », deux mots-clés que le surréalisme ne perdra jamais de vue. Dans « Limites non-frontières du surréalisme » Breton fait des jeux de l'humour et du hasard les deux pôles d'un circuit électrique :

Humour objectif, hasard objectif : tels sont à proprement parler les deux pôles entre lesquels le surréalisme croit pouvoir faire jaillir les plus longues étincelles. *(Clé des champs,* 26)[6]

Dans l'*Anthologie,* il reprend explicitement ce lien entre hasard et humour objectifs, le « sphinx blanc » et le « sphinx noir (20), ce qui permet d'inscrire l'humour noir dans le cadre de l'activité surréaliste en général, et notamment de la quête de l'image qui, pour Breton, a ceci de commun avec l'humour noir, que l'on peut les capter mais non les créer volontairement. Breton a très souvent fait référence à la célèbre définition de Pierre Réverdy qu'il considère comme l'une des clés de l'écriture surréaliste :

il ne me semble pas possible de rapprocher volontairement ce qu'il appelle « deux réalités distantes ». Le rapprochement se fait ou ne se fait pas, voilà tout... c'est du rapprochement en quelque sorte fortuit [...] qu'a jailli une lumière particulière. *(Manifestes,* 50)[7]

De même, les manifestations obtenues par le « jaillissement de l'image » sont traduites par Breton en des termes électriques que l'on retrouvera dans l'*Anthologie.* L'humour noir est une des formes particulièrement intense de l'image surréaliste. Il dépend lui aussi de la « beauté » d'une étincelle et d'une « différence de potentiel » :

La valeur de l'image dépend de la beauté de l'étincelle obtenue, elle est, par conséquent, fonction de la différence de potentiel entre les deux conducteurs. *(Manifestes,* 51)

2. — *Texte court-circuit et longues étincelles*

Si l'étincelle (chaleur et lumière) sert de modèle aux manifestations espérées, la différence de potentiel sera le symbole électrique du principe de fonctionnement naturel ou artificiel

---

(6) La citation est extraite de « Limites non-frontières du surréalisme » dans *La Clé des champs,* 25.

(7) André BRETON, *Premier Manifeste,* 1924, dans *Manifestes du surréalisme* (Paris, Gallimard, « Idées », 1972) 25.

du phénomène : si le hasard objectif permet d'espérer que les conditions orageuses mettront en présence sans intervention humaine les deux pôles plus et moins des forces cosmiques, si les essais d'écriture automatique permettent à l'inconscient le « rapprochement de deux réalités plus ou moins éloignées »[8], la fabrication d'une anthologie est un autre type d'expérience, plus concertée, plus conforme peut-être au côté théorisateur de Breton. Il s'agit, en construisant un tel texte, de se servir des données maîtrisées au cours d'observations et de réflexions : le jaillissement de l'étincelle, de l'humour noir est conditionné par la présence d'une différence de potentiel. L'anthologie sera donc structurée comme un bac à électrolyse, elle devra comporter deux pôles entre lesquels le fluide passera. Un peu comme si la rêverie des vases communiquants s'associait à celle des champs magnétiques pour produire un modèle textuel capable de la « plus longue étincelle ». Le rapprochement dans l'*Anthologie* des introductions de Breton, à caractère critique et analytique, et des extraits choisis comme illustration de « l'humour noir » suffirait à lui seul à *mettre en pratique* le principe de la différence de potentiel. Un texte bâti sur le principe du circuit électrique corrige donc ce que les explications du *Manifeste* pouvaient avoir de trop théorique et (donc d'inefficace), car le surréalisme semble avoir toujours couru le risque de s'engager dans l'impasse abstraite qui consiste à découvrir en même temps que l'humour noir *est* une différence de potentiel, mais qu'il « n'est » certainement plus là où une telle proposition semble l'avoir épinglé. Eteint + Celé = passé de l'étincelle.

De même, dans le cas de l'image surréaliste, la notion de « différence de potentiel » a à la fois l'avantage et l'inconvénient de rendre plus compréhensibles les apparentes absurdités des rapprochements. Le circuit électrique s'apparente à une esthétique du bord, de la coupure, mais aussi du rapprochement. Le paradoxe vient de la difficulté de concevoir la simultanéité de l'écart et la mise en présence, de l'opposition et de la conjonction. L'image surréaliste a presque fini d'étonner un siècle pour qui les vases communiquants sont aussi peu révolutionnaires que l'arc électrique ou la différence de potentiel. On a peut-être trop analysé la « force » de l'image, trop répété qu'elle procédait de l'écart entre ce qu'on attend ou ce qui survient, du manque de rapports discernables qu'entretiennent les éléments mis en présence. Bien sûr, l'humour noir est lui aussi menacé par ces dissections intempestives. Le critique littéraire,

---

(8) Pierre REVERDY, *Nord-Sud* (Paris, Flammarion, 1975) 73.

dont on connaît la perversion professionnelle ou naturelle ne résiste pas à ces captivants démontages. Posons que la machine à coudre dont Breton s'est servi pour assembler tous les textes qu'il avait chirurgicalement extraits de leur contexte, n'est pas aussi étrangère que l'on voudrait le croire au légendaire parapluie de la table de dissection, si l'on anticipe l'orage que les manipulations de Breton ont pour but de déclencher. (Il est vrai qu'en homme prudent, il préférait le paratonnerre au parapluie : l'humour noir ne dure pas plus longtemps qu'un bref orage, mais on risque bien plus que d'être mouillé.)

L'*Anthologie,* texte-expérience, ne peut donc pas se permettre d'être seulement théorique. Il faut tenir compte du caractère extrêmement fugitif de l'humour noir. Il est l'énergie dont se chargera le texte, circuit expérimental inerte qui prépare l'apparition de l'étincelle dont la nature restera finalement inconnue, mal définissable, pratiquement incontrôlée. Seule, l'*Anthologie* nous permet de faire l'expérience de l'étincelle, qui est au texte ce que le rire est à la plaisanterie. Le rire est non-langage, le rire est spasme, contraction d'un corps relié à des centres nerveux et non plus raisonnables. Le rire est au bord des mots : il « éclate », selon le cliché. Et dans le cas de l'humour noir, l'étincelle peut être rire ou nausée, cette autre contraction involontaire. Elle sera « jaillissement » chez Jarry, « émanation ou explosion » chez Baudelaire.

L'expérience textuelle ne prétend pas emmagasiner l'extase. Si l'ère de la machine de Denis Papin était sous le signe du réservoir, de ce qui permet de stocker, celle de l'électricité expérimentale exige d'abord une esthétique de la dépense, du plaisir d'une fois. La vieille dame qui, avant d'envoyer à son fils une boîte d'ampoules de flash, les avait toutes consciencieusement essayées pour être sûre qu'elles marchaient, était probablement née à la lueur d'une lampe à pétrole. Plus qu'à la lumière du jour, la « lux » biblique qui dissipe pour toujours les ténèbres, l'humour noir s'apparente au « flash », c'est-à-dire à un mot emprunté à une autre langue, une onomatopée de bande dessinée plutôt qu'à un phénomène durable qui plongerait ses racines étymologiques et latines dans la nuit des temps. L'humour noir, comme le « flash », appartient à un système linguistique bien plus étendu que celui qui nous est familier. On ne peut pas plus « raconter » l'humour noir qu'une langue étrangère ou une page de bande dessinée. La nécessaire intervention d'une sorte de traduction met l'original à distance. « L'humour noir » ne s'écrit pas sans la recréation d'un appareillage qui puisse tenir compte de son origine et de sa nature extra-linguistiques. Il ne rentre dans nos cadres de pensée que par des analogies qui font intervenir les emprunts, les approximations, les rapprochements.

Lorsqu'il se sert d'une ampoule de flash, le photographe ne peut qu'une fois, qu'une seule et unique fois, faire coïncider l'éclair de lumière avec la vision dont il veut faire une œuvre d'art. Son rôle consiste à prévoir ce délicat chronométrage, à ne pas rater ce que Breton appellerait la rencontre. Si l'éclair n'a pas lieu au bon moment... il ne reste qu'à préparer une autre expérience, à accepter de sacrifier une autre ampoule. Il ne reste au lecteur qu'à essayer un autre extrait, ou à préférer Molière et autres lampes à huile.

La *répétition,* dans le monde de l'humour noir, n'a jamais lieu avant la performance. Elle n'est pas exclue en tant que concept, au contraire, puisque l'humour ne peut prendre la forme que d'une *série* d'expériences sans durée. Mais ce qui est reproduit, « répété », lors de chaque tentative, ce n'est pas un spectacle, mais une structure, un cadre de travail où le passage de l'étincelle, à chaque fois unique, risque de se produire.

Inviter un public à venir s'installer sur des gradins à ciel ouvert, ouvrir la vente des billets à huit heures, et inscrire sur les souches : « Visite de l'étoile filante, dernier passage remarqué... » (Acheteur de l'*Anthologie,* ne seriez-vous pas victime du même genre de provocation gratuite ?)

3.   ... *l'humour noir, ce qu'on appelle l'humour noir,*
      ce qu'on appelle...

L'humour ne fait que passer (par le langage). L'*Anthologie,* machine à attirer l'étincelle, ne peut prétendre la figer de peur de n'en donner qu'une re-présent-ation. L'expression « humour noir » est sans doute le premier cas de ce type de représentation. On peut appeler un « chat » un « chat » sans qu'il cesse d'être. On ne peut qu'appeler l'humour... et espérer son passage.

Il était prévisible qu'un texte ne conçoive ce rapport problématique au temps que dans le conflit. Même à se redéfinir par rapport à un roman ou une nouvelle qui se lisent du début à la fin en plein accord avec des présuppositions organiques (probablement déjà battues en brèche en 1943), le livre de Breton n'échappe pas à un cadre qui en fait une œuvre littéraire faite de mots qui se suivent, de pages qui s'enchaînent dans un ordre irréversible, et qui dans son ensemble, subit l'unité matérielle de l'objet, bloc invisible et statique. Comment l'humour noir, fulgurance presque hors du temps peut-elle être conciliée avec le lent cheminement de l'activité de la lecture ? Et si l'on renonce à cette solution, comment dès lors initier le lecteur à la surprise du saut, au brutal passage d'une réalité A à une réalité B sans que le choc ne le rebute sans appel ?

D'autre part, comment insérer dans un texte une possible différence de potentiel puisque les livres se plient d'avance à certains impératifs d'unité élémentaire : « un » auteur, « un » sujet, « un » langage, voire « une » écriture ?

4. Y a-t-il un fil conducteur dans ce texte ?

L'*Anthologie* y pourvoiera en jouant sans arrêt de deux éléments contradictoires et complémentaires : d'abord, une activité multiforme de fragmentation permettra, chaque fois que possible, de briser le temps, d'imposer des sauts de lecture, de saboter le linéaire, mais aussi de mettre en relief le lieu de la coupure, d'imposer l'espace d'un bord, d'une béance qui agira comme la distance entre deux pôles, deux « réalités distantes » à rapprocher. En utilisant tous les procédés connus de fragmentation qu'un genre met à sa disposition, Breton force le regard du lecteur à se laisser conduire, non plus d'une manière lente et continue propre à la création d'une signification ou d'un sens, mais par chocs et bonds successifs qui amènent le « lecteur » au bord de l'abîme.

Il compose l'*Anthologie* à une époque où le collage et le montage, nouveaux venus subversifs et vivants, consacrent un nouveau « genre » : le bricolage, genre polyvalent par excellence qui unit, comme le fait remarquer Lévi-Strauss les doubles qualités du sorcier et de l'artisan[9]. Manier l'hétéroclite et le monde de la machine était sans doute plus facile aux fabricants d'art visuel, qui ont à leur disposition une infinité de

---

(9) Dans *La Pensée sauvage*, Claude Lévi-Strauss commence une réflexion sur la nature du bricolage qui d'après lui, apparaît à une époque où l'art est « à mi-chemin entre la connaissance scientifique et la pensée mythique » (33).

matériaux. Dans le monde du raccourci brutal entre deux réalités distantes, il semble qu'un Duchamp, décidé à électriser un
public, aurait à sa disposition des moyens autrement puissants
qu'une « page d'anthologie » (paradoxalement, le terme évoque
un condensé de tradition et de classicisme). Lorsque cet amateur
de « ready-made » expose une porte-fenêtre (en anglais « French
window ») à laquelle il accole l'étiquette, à laquelle il donne le
nom de « Fresh Widow », l'effet produit est sans doute très
comparable au projet de Dali de « Louer une petite vieille
propre, au plus haut degré de décrépitude, et l'exposer habillée
en toréador, en lui posant sur la tête, préalablement rasée, une
omelette fines-herbes : laquelle tremblera, par branlement continu
de la petite vieille ». (*Anthologie,* 411) Ici, sur la page, les deux
expériences sont similairement aplaties et alignées sans trop
d'inconvénient, puisqu'il s'agit de raconter, de donner à voir et
non à éprouver. Pour l'auteur d'une anthologie, le problème
n'est jamais résolu : comment inclure dans un livre une porte-
fenêtre ou une petite vieille, autrement qu'en les transformant
en matériau identique, une série de mots ? Le défi consiste, et
c'est là que Breton le relève, à faire que même ce support
apparemment indifférencié (400 pages pleines de mots) vienne
surprendre le « lecteur » avant même qu'il ait commencé à
« lire » : avant que son activité, devenue déchiffrement linéaire
n'ait réduit le texte à une apparente unité.

D'autre part, la mise en contact indispensable des lèvres des
coupures ainsi créées sera assurée par un procédé indissociable
de la fragmentation : la répétition. Cette activité complémen-
taire sera aussi responsable de la multiplicité des expériences
successives, la seule parade à l'absence de durée qui caractérise
l'humour noir, et rend au bricoleur le pouvoir qu'il aurait pu
perdre en faisant d'un texte une accumulation d'éléments sans
contact. Le genre de l'anthologie lui fournit une structuration
de la coupure, mais pour qu'il y ait humour noir, il faut
qu'une force brutale passe d'un bord à l'autre, que le lecteur
ne puisse pas se contenter de fragments séparés, isolés, envisagés
comme micro-totalités.

Ces deux techniques d'écriture, segmentation puis mise en
contact, sont facilement utilisables et analysables, mais il est
évident qu'elles restent extérieures à la nature de l'humour, et
qu'une telle description de l'*Anthologie* va avoir pour conséquence paradoxale de se concentrer sur le travail de Breton,
bricoleur de l'appareil à étincelle, et de laisser pour compte les
extraits (comme lieu intouchable de l'apparition de l'éclair
espace magique) qui doivent rester inutilisés comme les lampes
de flash. A la rigueur, on peut les citer, et faire apparaître

l'humour noir, mais il ne faut pas ensuite avoir la naïveté de s'efforcer d' « expliciter l'humour et de le faire servir à des fins didactiques » (*Anthologie,* 11).

A l'évidence donc, le genre de l'anthologie se révèle être un instrument de choix : collection de fragments, c'est donc un livre sans auteur, sans signature ou plutôt dont la signature devient contestable, voire illégitime. Elle est celle d'un fabricant, d'un chercheur plutôt que d'un créateur. Les coupures, à l'intérieur du texte, nous obligent à renoncer à la totalité mais aussi au confort du « début », de la « fin », du fragment « complet » ; vu la liberté prise avec les textes choisis, la notion d' « histoire » fait place à la succession, à un ordre arbitraire dont la chronologie n'est pas motivée par des nécessités de lecture. Le genre même est propre à servir une esthétique du bord, de l'abrupt. Mais, Breton ne se contente pas de mettre à profit les ressources que lui offre tradi- tionnellement un genre codifié et ses interventions vont transfor- mer une anthologie de « l'humour noir » en *Anthologie de l'hu- mour noir,* c'est-à-dire en machine textuelle infernale dont l'originalité tient en partie à la combinaison d'éléments utiles mais classiques et au rôle que joue ici le bricoleur.

Dans un article sur « Breton et l'humour noir »[10], André Mauriac tâche de cerner le rapport troublant que celui qui signe Breton entretient avec sa collection d'extraits. Et si Mauriac ne semble pas apporter de réponses très précises aux questions thé- oriques qui le préoccupent, retombant (comme presque tous les critiques) dans un discours mimétique qui s'efforce de donner de l'humour noir une « meilleure » définition ou de « meilleurs » exemples, il fait en tout cas preuve d'un esprit d'observation qui parfois s'approche fort de l'intuition lumineuse : il découvre par exemple que

> La part d'André Breton apparaît donc, dans ce livre, beaucoup plus importante que celle qui revient à l'auteur d'une anthologie... (152)

et bien qu'à ce moment de la démonstration, il ne s'explique pas vraiment le phénomène, il en vient presque, ailleurs, à formuler la notion de lien, de chaîne, de fil conducteur qui semble bien don- ner une forme, voire une raison d'être, aux interventions de Bre- ton. Mauriac remarque en effet que l'*Anthologie* est un système d'échos. Faute de pouvoir trouver une unité, un lien logique entre les auteurs cités dans le texte, et faute de pouvoir accepter l'idée

---

(10) Cet article est le même que celui qui a été étudié au premier chapitre pour tenter de démontrer que l'*Anthologie* force au mimétisme.

que la décision arbitraire de Breton est un critère suffisant de
totalité, il observe que « nous voyons de façon curieuse les
écrivains réunis par Breton en appeler les uns aux autres »
(158). La formule est suffisamment vague mais donne à penser
que Mauriac ressent la présence indéniable d'un lien, qui, comme
un courant électrique circulerait entre des éléments naturellement non connectés :

> Sans doute un lien existe-t-il entre ces auteurs et que le metteur
> en scène n'a pas inventé... (158)

A moins que précisément, la fabrication d'une anthologie
électrique ne consiste entre autre à « inventer » ce lien, c'est-à-
dire à faire exister ce fil conducteur qui propagera l'énergie de
l'une à l'autre des parties du circuit. L'activité du producteur
d'anthologie ne peut qu'être double et contradictoire. Il s'agit
de fragmenter puis de réunir, de disjoindre puis de re-connecter.
Après avoir choisi les éléments du circuit, il faut fabriquer un
fil conducteur textuel dont les caractéristiques répondront aux
nécessités fonctionnelles et structurelles du passage de l'étincelle.
C'est-à-dire qu'il faudra conduire, mener de l'un à l'autre, mais
sans toutefois offrir trop de résistance, car ce sont en définitive
les éléments actifs intercalés qui sont chargés de faire travailler
le courant. L'interdépendance des deux parties distinctes du
texte ne fait donc pas disparaître l'essentielle différence de leur
nature et de leur fonction, mais les rend solidaires et mutuellement responsables de l'efficacité avec laquelle le système dans
son ensemble finira par fonctionner.

Les introductions que Breton a pris le soin d'insérer avant
chaque extrait joueront donc ce rôle de chaîne, avec un succès
d'autant plus grand que la nature textuelle de ces petits textes
les rend aptes à conduire un lecteur sans offrir de résistance
trop grande.

Chaque maillon de la chaîne doit par exemple être identique
aux autres. Et s'il est vrai que d'un point de vue artistique ou
littéraire, il serait possible de reprocher à Breton la monotonie
de ses pages, la critique ne peut être retenue contre le fabricant
d'un fil conducteur. Le manque de résistance à la lecture sera
de manière générale obtenu par le procédé de la répétition : le
terrain devient familier pour le lecteur et lui demande de moins
en moins d'efforts d'adaptation malgré la discontinuité du
texte.

Ce résultat peut par exemple être obtenu par la régulière
utilisation d'éléments textuels dont l'aspect visuel l'emporte sur
le contenu sémantique : des portions écrites que l'on « verra »

revenir plutôt qu'on ne cherchera à les lire. C'est le cas notamment des notices bibliographiques qui terminent chacune des introductions. On pourrait s'étonner du caractère un peu systématique et académique d'une telle conclusion, ce retour périodique d'une sorte de refrain sûrement peu propre à susciter l'attention ou l'enthousiasme, qui tire l'anthologie vers un genre codifié, apprivoisé et réputé terne : celui du manuel scolaire. La présence de ces petits paragraphes systématiques favorisent une lecture intermittente, un relâchement de l'intérêt, à moins qu'une curiosité au second degré ne nous fasse nous demander quel attrait le champion de l'écriture automatique trouvait à ce genre d'exercice.

En revanche, le côté répétitif, systématique est une des caractéristiques de la chaîne. Et les introductions de Breton valent par leur homogénéité qui met en relief la différence entre le fil conducteur et les éléments proprement dits, le contraste renforçant la singularité de chaque extrait. Les bibliographies sommaires auront donc le même rôle structurel que la modification systématique des caractères typographiques ou l'utilisation du nom propre et des dates comme titre. De peur qu'un seul élément isolé ne paralyse tout le système, le fabricant a bien sûr veillé à ce que chaque auteur sans exception soit relié, branché par une introduction. Ces éléments répétitifs de composition formelle sont immédiatement perceptibles même à un stade pré-interprétatif : le lecteur peut identifier à quelle partie du circuit il a affaire.

A cette structuration rigoureuse s'ajoute la spécificité d'une écriture immédiatement reconnaissable mais qu'il serait difficile d'analyser simplement comme un phénomène de « style » : les textes dignes de participer à l'*Anthologie de l'humour noir* sont choisis en fonction de leur potentiel humoristique et aussi de la *différence* de potentiel qui existent entre ces formes d'écriture et des exemples plus conformes aux normes traditionnelles. Les introductions successives que Breton leur adjoint sont capables de faire ressortir, comme un sensible instrument de mesure, que les passages sélectionnés sont intensément chargés d'énergie susceptibles au plus haut point d' « explosion, de dégagement de comique » (9). Il ne s'agit nullement de démontrer les possibilités de l'écriture automatique ou de créer un poème surréaliste mais d'indiquer, grâce à ces notices, que les textes choisis ont une charge positive, sont affectés d'un « + » que l'on retrouve par exemple dans un systématique recours à l'emphase, au superlatif, au suffixe laudatif. Les ·innombrables jugements de valeur de Breton sont monotones, arbitraires, au point de rendre leur valeur rhétorique ou critique quasi nulle.

Ils ont cependant la propriété de polariser les textes, de mettre en lumière ce « plus » qui crée, par opposition, une différence de potentiel. Ce lien que Mauriac soupçonne Breton d'avoir « inventé », c'est aussi une charge positive, un pôle + qui oriente à l'avance notre attitude et les extraits, qui leur donne le même sens. Il ne s'agit pas de démontrer la légitimité des superlatifs, mais de considérer leur utilisation, comme un procédé actif de structuration de l'*Anthologie.*

L'emphase n'est pas une caractéristique du style de Breton, c'est un élément de la chaîne, du circuit électrique. « Lui qui méprise *plus* que personne le genre humain... » (20), « l'esprit le *plus* libre qui ait encore existé... » (38), « les exégèses les *plus* dignes de lui... » (48), « d'une manière *plus* pathétique et *plus* géniale... » (53), « Ses commentateurs les mieux disposés et jusqu'aux adeptes les *plus* enthousiastes de son système... » (64), « digressions les *plus* troublantes... » (65), « Nul *plus* que lui... » (133), « de la manière la *plus* totale » (175), « la pensée la *plus* souple » (207), « La pièce la *plus* significative » (263), « L'ambiguïté la *plus* bouleversante » (289), « Le *plus* grand magnétiseur... » (291). La spécificité des formules est quantité négligeable. Il suffit d'accorder un " plus " à chacun des extraits, si bien que chaque introduction fait paradoxalement du texte qui suit l'exception, l'exemplaire « le plus extraordinaire ». La volonté affirmée de souligner le caractère *unique* de chaque fragment n'est pas annulée par le fait que cette originalité les rend ressemblants et liés. La réitération des « suprême » (40, 78, 178, etc...), « indépassables » (19), « sans équivalent » (177) insiste sur le paradoxe qu'il y a à sélectionner des objets potentiellement chargés d'une énorme intensité, sans que leur proximité ne recrée une nouvelle échelle de valeurs qui annulerait leur différence et réduirait pour le lecteur la qualité de l'étincelle. La tension sur laquelle repose l'humour noir est donc maintenue par la présence d'une chaîne neutre, qui contraste avec la violence des extraits, mais joue efficacement son rôle qui est de les polariser et de les relier entre eux afin que passe le courant.

Le « Je n'ai jamais rien vu d'aussi irrésistiblement drôle et troublant depuis lors » (418) est vrai, simultanément, de tous les extraits. Il ne s'agit pas d'une contradiction, d'un mensonge, ou d'une impossibilité logique ; dans l'*Anthologie,* chaque fragment successivement, fulgure. Atteint par une intensité jamais égalée « depuis lors », aucun lecteur ne pourra offrir de résistance au courant qui « se propage » (5) le long du fil conducteur.

Il y a donc homogénéité de la structure, de ces passages à la fois hyperboliques et qui ne font en fait qu'attirer l'attention sur ce qui suit, sur ce qu'ils encadrent, déplacer le regard du lecteur vers un lieu de plus grande résistance. Mais la même homogénéité se retrouve dans la base théorique qui sous-tend la réflexion. Tout comme les jugements de valeur emphatiques et les éloges décernés par Breton, les références explicites à des systèmes philosophiques semblent parfois relever d'une appropriation, d'un choix délibéré de la part de Breton. Théoriquement, rationnellement (et bien des critiques l'ont fait), il est toujours possible de contester la légitimité de superlatifs de Breton ou d'insister sur la fantaisie de ses lectures de Freud, Nietzsche ou Hegel. Il est cependant remarquable que le vocabulaire freudien par exemple, réapparaisse dans presque chaque introduction, avec une insistance plus proche de l'obsession que d'une éventuelle volonté de démonstration. C'est en pleine connaissance de cause que Breton place l'humour noir sous le signe de la psychanalyse, comme on choisit sa route privilégiée, son camp, son meneur.

Dans la préface, Breton nous indique la composition du fil conducteur théorique, en citant longuement *Le mot d'esprit et ses rapports avec l'inconscient,* faisant sienne la « définition » de Freud, ses exemples, et même son langage. Mieux que ne l'aurait fait une analyse critique de la théorie freudienne, l'emploi presque incantatoire du véhicule de la pensée réussit à homogénéiser un discours qui n'a pas d'armature propre. Pour relier, brancher les extraits entre eux,

> En vue de leur réduction à une donnée commune, fondamentale, nous avons cru devoir, sans préjudice des réserves qu'appelle chez Freud la distinction nécessaire du *soi,* du *moi,* et *surmoi,* user pour plus de commodité dans notre exposé du vocabulaire freudien (18).

L'avertissement est suivi d'effet : « Freud » (20, 39, 273, 269). la « psychanalyse » (289), le « contenu manifeste » (264), le « complexe d'Œdipe » (362), le « sur-moi et le moi » (376), la « libido, sublimation, fixation narcissique (de caractère sadique-anal) » (409), reviennent à travers toute l'*Anthologie,* et si la terminologie semble quelque peu plaquée, comme surajoutée à des efforts de définition personnels très diversifiés, elle a pour effet d'instaurer un va-et-vient dynamique, électrique, entre les introductions et les extraits, la théorie et la pratique, l' « exposé » et l' « illustration ». La familiarité croissante et la monotonie du matériau dont est contituée la chaîne fait petit à petit diminuer la résistance du lecteur, et aggrave en même temps l'écart, la différence de potentiel entre le conducteur neutre et les lieux d'explosion, de travail intense, que seront les extraits intercalés.

Car enfin, s'il s'agissait de nous persuader à force de répétitions, de nous faire admettre une fois pour toutes une doctrine, une définition... Or, la Préface semble poser l'analyse freudienne comme référence absolue, mais par la suite, l'espèce d'exclusive légitimité qu'elle s'était vue accordée est ignorée. Elle reste la caution, la théorie dont on se réclame pour des raisons de cohérence du matériau conducteur, mais il est frappant de constater que le premier « L'humour noir c'est... » apparaît plus tôt que la citation tirée du livre de Freud, et que cette formule sera reprise un nombre incalculable de fois, toujours suivie d'une analyse différente, mais toujours assénée avec autant de conviction autant de volonté d'imposer une définition.

Cette impressionnante collection de formules n'est pas un des moindres facteurs de cohésion de la chaîne. « L'humour noir c'est... » ou un équivalent vaut pour une formule magique.

« Cette sorte d'humour... » (11) ; « L'humour chez [...] fait partie intégrante de... » (133) ; « L'humour, nul plus que lui n'a pris le soin de le définir » (133) ; « L'humour volontaire ou non de [...] réside tout entier dans... » (291) ; « Le sens de l'humour s'accompagne médiocrement de ... » (304) ; « Si l'humour est bien... » (408) ; « Un des grands ressorts de l'humour... » (418) ; « La composition de l'humour noir aujourd'hui... » (437).

L'impression que donne ces débuts de formule (« L'humour noir c'est... ») est qu'une tentative de définition et de théorisation, un effort de synthèse sont entrepris. En revanche, la diversité des conclusions, la liste hétéroclite des propositions qui suivent la constante « l'humour c'est... » semblent souligner la difficulté d'arriver à un consensus. Après avoir remarqué, tout au long du livre, la série toujours plus longue des énoncés qui s'accumulent sans trancher, le lecteur est sans doute tenté par les réticences que Breton montrait lui-même dans la Préface, et proche de conclure comme lui que « ... le problème restera posé » (12), ou comme Valéry, que le mot humour n'a aucune définition, que

> Chaque proposition qui le contient en modifie le sens ; tellement que ce sens lui-même n'est rigoureusement que l'ensemble statistique de toutes les phrases qui le contiennent, et qui viendront à le contenir (11).

Après tout, nous allons devoir nous en remettre à la décision souveraine de celui qui décide de la composition de l'anthologie, à admettre la *présence* de l'humour sans chercher à contester le terme, sans protester que lorsque Breton écrit : « l'humour au sens où nous l'entendons » (20, 363) il amalgame un peu vite l'aveu d'une souveraineté arbitraire et la certitude que « nous » avons décidé de nous y plier. Autrement dit L'humour c'est... vaut pour un panneau indicateur, un signe de présence, d'existence. Avant chacune des apparitions du phénomène humour (indéfini, inconnu malgré les apparences), Breton prend la précaution de planter sur nos crânes un drapeau noir : « Attention humour ! » L'humour *est*... mais alors au sens absolu, l'humour n'*est*... que parce qu'on lui cède la place, que l'introduction théorique se termine, que le lecteur a été amené au bord, au seuil du cadre où l'étincelle peut avoir lieu.

La collection des formules qui constitue la trame des notices contribue donc à la cohésion de la chaîne qui guide le lecteur d'une décharge à l'autre. Au bout du fil conducteur, « l'humour noir est... » imminent...

6. Les « *modestes appareils enregistreurs* »

Quel effet une telle structure va-t-elle donc avoir sur le lecteur de l'*Anthologie* ? Est-il d'ailleurs justifié de parler de « lecteur » : peut-il être question de « lire » l'humour noir ou faut-il recourir à un vocabulaire spécifique pour décrire le rôle et l'activité de celui qui se trouve engagé dans l'expérience ? La notion de « lecture », liée depuis longtemps à la sémiotique, ne nous fait-elle pas immédiatement envisager un décodeur de signes, un chercheur de sens ? Il n'est pas exclu bien sûr, qu'un tel lecteur se laisse tenter par l'*Anthologie* et ouvre le livre, mais alors, si le fil conducteur remplit son office et parvient à l'emmener tout au bord de l'humour noir, il sera devenu dans l'intervalle, un participant de l'expérience, il sera prêt à faire partie d'un système qui se divise en « émission », « réception » et « décharge émotive » (*Anthologie,* 234) plutôt qu'en lecteur, scripteur et texte.

La présence du fil conducteur suppose au contraire passivité et réceptivité, semble attendre du partenaire cette sorte de disponibilité à l'univers soudain changé en « monde sensible », pays étrange où la raison cède le pas à la sensation. Ferry décrit, dans l'*Anthologie,* le genre d'expériences qui y attendent le lecteur :

> Il ne vous est jamais arrivé de mettre le pied, dans le noir, sur la dernière marche d'escalier, celle qui n'existe pas ?
> (*Anthologie,* 417)

Au bout du fil conducteur nous attend cette dernière marche. Le lecteur, dans le noir, est sans le savoir de plain pied avec l'invisible, sur le point de recevoir un choc, une « décharge émotive ». L'expérience devient alors indescriptible, et pour en rendre compte, il faut trouver des analogies, ou peut-être raconter une histoire, comme le fait Ferry dans « Le tigre mondain » ; car le narrateur de ce petit conte est en fait dans une situation très similaire à celle de qui accepte de se livrer à la machine de Breton.

Le héros attend le début d'un spectacle. Assis « dans l'obscurité totale » (421), il sait, pour avoir déjà fait l'expérience, qu'il risque, au cours du spectacle, d'être le témoin d'un numéro qui le plonge « dans un état de terreur panique et de dégoût abject », dans une « horreur [...] surnaturelle » (241). Mais comme un lecteur initié (qui aurait par exemple déjà lu quelques extraits) même s'il décidait à présent de se soustraire à l'expérience, à l'éprouvante et incompréhensible secousse qui l'attend peut-être, il s'apercevrait qu'il est trop tard. La structure du spectacle l'a, sans qu'il s'en doute, rivé à son fauteuil par des moyens qu'il ignore. « Je devrais m'en aller, mais je n'ose pas. » (421) constate-t-il vaguement. Pour échapper à l'humour noir, il aurait fallu intervenir à un stade antérieur, renoncer à ouvrir le livre, mais même cette solution n'est pas simple à appliquer.

Comme l'humour noir, le « tigre mondain » n'est jamais inscrit à l'affiche, on sait seulement dans quel genre de salles il est susceptible d'être présenté. Pour y avoir déjà assisté, le narrateur sait bien où il risque de rencontrer ce spectacle « à la fois oppressant et un peu comique ». (420) Mais à moins de se priver à tout jamais de music-hall, de renoncer à tout livre qui se signalerait par un panneau : « Attention humour noir », il ne peut pas échapper à la présence à la fois prévisible et imprévisible de ce numéro particulier, qui parfois, survient au cours de la représentation.

> Je ne devrais pas entrer dans les salles où ce numéro [...] figure au programme. Facile à dire. Pour des raisons que je n'ai

jamais pu éclaircir, le « tigre mondain » n'est jamais annoncé, je ne m'y attends pas ou plutôt si, une obscure menace, à peine formulée, pèse sur le plaisir que je prends au music-hall (420).

La description du numéro lui-même, on pouvait s'en douter, n'apporte rien de plus au début du conte, et ne justifie pas cette angoisse extrême que le narrateur, de son propre aveu « ne saurait expliquer, ni essayer de communiquer ». Raconter le déroulement de ce numéro de dressage somme toute assez banal revient à dire : « Puis, il y eut une étincelle. » Mais si la narration n'offre pas plus de ressources que d'autres moyens linguistiques pour rendre compte de la nature de l'éclair, elle permet le recours à des analogies précieuses lorsque le héros tente de formuler l'effet qu'ont eu sur lui les expériences successives. Incapable de discerner autre chose que des contradictions simultanées (savoir-ne pas savoir, menace-plaisir, prévoir-ne pas prévoir) et un état d'attente aiguë, il finit par identifier la qualité de ce qui (se) passe en lui : un courant électrique.

Enchaîné à son fauteuil par un fil conducteur dont il n'a pas pris conscience, il sait, sans pouvoir l'éviter, qu'il va être soumis à une décharge, et l'anticipation qui augmente sa terreur est un effet d'accumulation, un des résultats de la répétition fragmentée. Lorsque « j » 'arrive au bord de la dernière marche d'escalier, « ... je sais ce qui va se passer ; un poids écrasant me serre la poitrine, et j'ai le fil de la peur entre les dents comme un aigre courant de bas voltage. » (*Anthologie,* 241)

Le fauteuil s'est transformé en chaise électrique, la lecture n'est pas un acte de décodage mais un choc, une décharge. Le « meilleur » lecteur ne sera donc pas celui qui saura le mieux trouver une signification, au contraire, toutes les techniques mises en jeu dans l'humour noir ont pour but principal de nous faire perdre la notion du sens et de la direction, de nous « désorienter » comme dit Matthew Winston[11]. Il ne s'agit pas non plus de rechercher exclusivement le plaisir barthésien du texte, l'humour noir contenant inévitablement souffrance et menace, ni bien sûr, d'utiliser des qualités logiques ou intellectuelles pour tenter de démontrer les mécanismes. Le lecteur-cobaye de l'*Anthologie* devra ressentir avec le maximum d'*intensité* le passage éphémère du courant, pourra, au lieu de s'habituer, *accumuler* de plus en plus d'intensité, et *résistera* suffisamment pour produire lui-même chaleur et énergie

(11) Matthew Winston, « Humour noir and black humor » dans *Veins of Humor* (ed. Harry Levin, Harvard Englise Studies, Cambridge, Massachussets : Harvard U. Press, 1972) 275.

mais pas assez pour s'isoler, soustraire sa sensibilité à
l'expérience.

Le lecteur idéal doit donc privilégier les états « nerveux »
qui favorisent le passage d'un courant qui n'a rien d'intellectuel. « Vivent les gens qui ont des nerfs gros comme des
cables », (*Anthologie*, 61) s'exclame Lichtenberg dans un de ses
aphorismes. Existe-t-il des cables nerveux que l'on pourrait
soumettre à d'énormes intensités sans les voir disparaître,
et qui rendraient inutile tout autre moyen de communication ?

Tous les « nerveux » de l'*Anthologie* sont des sujets de
choix qui sont prédisposés à atteindre cet « état-limite qui exi-
gerait de l'homme la perte intégrale du contrôle logique et
moral de ses actes » (290) qu'est « l'automatisme psychique
pur », ce moment où l'on est « actionné par un moteur d'une
force insoupçonnable » (290) et donc capable de réagir, de
transformer le « je » en étincelle, en chaleur et en lumière.
Comme Raymond Roussel, « le plus grand magnétiseur », le
lecteur serait alors « entouré de rayonnements », prêt à « illuminer le monde »[12].

L'*Anthologie* souligne systématiquement la présence de cette
disposition « nerveuse », l'existence d'un réseau de terminaisons
où le courant passera plus facilement. Le narrateur du « Mauvais Vitrier » qualifie ses facéties de « plaisanteries nerveuses » (139), chez Edgar Poe, l'humour « éclate nerveuse-
ment » (115), le narrateur de « L'Ange du Bizarre » éprouve le
besoin de nous assurer qu'il n'est « nullement nerveux » (120),
le style de Huysmans, nous dit Breton, est « refondu en vue de
la communicabilité nerveuse des sensations » (190). Et la ner-
vosité n'est pas sans rapport avec l'hystérie, que Breton consi-
dérait comme un moyen d'expression plutôt que comme une
maladie à soigner[13].

---

(12) « Ce que j'écrivais était entouré de rayonnements, je fermais les
rideaux, car j'avais peur de la moindre fissure qui eût laissé passer au-dehors
les rayons lumineux qui sortaient de ma plume, je voulais retirer l'écran tout
d'un coup et illuminer le monde. » (*Anthologie* 292)

(13) « L'hystérie n'est pas un phénomène pathologique et peut, à tous
égards, être considérée comme un moyen d'expression. » Texte signé par Aragon et Breton, « Le Cinquantenaire de l'hystérie » dans *Révolution surréaliste*
4ᵉ année, XI, p. 22.

6.   « *La Beauté sera* CONVULSIVE *ou ne sera pas.* » [14]

Après tout, le lecteur « nerveux » est la matière dont la machine à étincelle a besoin pour produire une véritable esthétique du spasme éphémère et de la convulsion. Peut-être que des discours théoriques opposant « sémiotique » à « symbolique », l'*Anthologie* peut inscrire dans le corps, ce mélange indéfinissable de plaisir et de souffrance que l'on peut appeler « humour noir » ou « image surréaliste » ou « beauté convulsive ». L'étiquette, on l'a vu, fait partie de la construction du texte-expérience, sa présence est indispensable mais subordonnée à la production d'un corps électrocuté dont les convulsions peuvent indifféremment prendre la forme de sanglots, de nausées, de hoquets, de rires spasmodiques (c'est-à-dire de contractions involontaires et incoercibles, réprouvées et tenues en laisse par une société qui les juge disgracieuses, laides, interdites). L'esthétique, la beauté de l'humour noir est « convulsive », c'est-à-dire inscrite dans un corps qui parvient, l'espace d'un instant à échapper à un stade post-langage, post-castration, post-thétique pour employer la terminologie de Julia Kristeva [15]. Un texte électrique agit sur le lecteur, le guide le (ra)mène sans qu'il s'en doute à ce point de « cassure » où tout bascule à jamais dans le symbolique, dans le langage, rejetant le corps dans le domaine de l'inexprimé.

« La Beauté sera CONVULSIVE ou ne sera pas », le ton de la formule de Breton semble définir avec justesse l'autorité avec laquelle le fabricant de l'*Anthologie* entend amener le lecteur jusqu'à cette forme d'orgasme qui n'aurait pas manqué d'être réprimé si un point de non-retour n'avait pas été atteint, où même les plus féroces contrôles ne peuvent plus rien contre les réactions frénétiques d'un corps qui échappe à la censure.

L'humour noir surréaliste s'apprête donc à vous électrocuter. Un texte comme l'*Anthologie* est un fauteuil de théâtre où

---

(14) André BRETON, Nadja 1928 (Paris, Gallimard, Folio, 1964) 190.
(15) Voir le début de *La Révolution du langage poétique,* où Julia Kristeva pose que l'identification du sujet s'instaure après cette « coupure » qui est appelée phase thétique (41 et suivantes). On peut aussi se reporter à l'étude sur Lautréamont, considéré comme un des rares auteurs à ramener le « sémiotique » dans le texte : chapitre IV, « Les *Chants de Maldoror* et les *Poésies.* Rire — cette pratique ».

le spectateur, assis dans le noir, attend avec impatience qu'on lui explique le titre de la pièce. Il se demande, comme avant tout spectacle, quels seront les participants du tournoi noir, quels seront les lions et combien seront les chrétiens. Il ne comprend ce qui se passe que lorsque la lumière se fait enfin : il découvre alors que le début coïncide en réalité avec la fin, que le fauteuil sur lequel il est assis est une chaise de torture. Qu'il y est désormais solidement enchaîné par un lien visiblement conçu pour conduire le courant avec le maximum d'intensité, et que la lumière qui lui permet d'apprécier la situation, c'est lui-même qui la produit en résistant de son mieux à l'insoutenable et éphémère décharge qui fait coïncider le spasme, la beauté, la perception convulsive d'une réalité insoupçonnée (c'est-à-dire la jouissance) et la « petite mort » inévitable pour le combustible qui a servi de support à l'étincelle. Mais...

> Mais le temps que s'allume
> L'idée sur le papier
> Le temps de prendre une plume
> Le temps de la tailler
> Mais le temps de me dire,
> Comment vais-je l'écrire,
> Et le temps est venu...[16]

où l'humour n'était plus.

Alors... « Au Suivant ! » (Brel, 275) Afin que le spectacle continue, qu'un nouveau court-circuit redonne à la noire machine l'occasion de faire mourir un lecteur de rire. Et si l'exécution du lecteur reste jusqu'à un certain point symbolique, il nous faut reconnaître qu'il n'a jamais manqué de surréalistes pour s'offrir tout palpitants aux mystères de l'électricité. Rien ne nous empêche donc de soumettre de nouveau aux champs magnétiques les victimes désignées par Breton dans son anthologie. Gageons qu'ils étaient prêts à essayer de faire fonctionner « la machine infernale déposée par Lautréamont sur les marches de l'esprit » et dont « nous sommes quelques-uns à [...] percevoir le tic-tac lugubre et à saluer avec admiration chacune de ses explosions libératrices ». (*Anthologie*, 291)

L'électricité permettra ainsi de mettre en lumière, comme on dit que le théâtre met en scène, la prédilection des humoristes pour ce genre de fauteuil[17] et la nature obsessionnelle de

---

(16) Jacques B REL, « Chanson sans paroles » dans *Œuvre intégrale* (Paris ; Laffont, 1982).

(17) « Vous êtes tous des poètes et moi je suis du côté de la mort. Mariez-

leurs rapports avec la mort. La décharge électrique, attendue avec l'impatience réservée d'ordinaire à quelque messie, aboutit à la perte, à la désintégration d'un sujet, d'un je. J'attends l'éclair, mais si l'éclair me foudroie, « je » ne suis plus après son passage. Et si cette remarque constitue une des multiples gloses possibles de la formule trop connue « Je est un autre », elle constitue aussi un lien, un fil conducteur entre ces amateurs de suicide humoristique qu'ont été les surréalistes.

Si l'on a pu prétendre que l'homme avait organisé son modèle de vie organique sur l'instinct de conservation, la nécessité de non-dépense, d'accumulation bancaire, de préservation, attitude dont on ne se départ que lors de rituels carnavalesques, force est bien de constater que le modèle électrique est incompatible avec le besoin de thésauriser. L'électricité suppose la présence d'une énergie qu'il n'est pas à la portée de tous de stocker simplement, dont la nature est d'être intangible et non fixe. On peut reconnaître le passage de l'électricité aux « traces » qu'elle laisse, mais seulement après qu'elle a « faussé compagnie (*Anthologie,* 12) à l'observateur. Ambiguïté de la « fausse » compagnie, de la présence qui n'est pas « être », de l' « essence » qui n'existe pas ; étrangeté du « reste » imperceptible qui fait soupçonner un état actif préliminaire... on voit que le système électrique pourrait fournir des réseaux de métaphores à des travaux aussi différents que ceux de Sartre sur l'être-au-monde où les interrogations de Jacques-Derrida sur l'écriture résiduelle.

Mais si le résidu en question se fabule de façon concrète et grotesque, si on l'envisage sous la forme d'un corps humain foudroyé ? Les humoristes ne reculent pas devant une appropriation concrète de leurs modèles, (leurs meurtres n'ont d'ailleurs pas tous été parfaitement symboliques). A croire que les participants au « tournoi noir de l'humour » préféraient les dangers de la foudre au risque de voir l'humour leur échapper. Il aurait été étonnant que dans ce domaine en particulier, ils se cantonnent à la production d'une œuvre « d'art », c'est-à-dire à la « trace » d'une recherche, au lieu de se lancer à corps perdu (car c'est bien de mort qu'il s'agit) dans l'expérience. Si Edison n'avait écrit que des traités théoriques, l'humour serait resté dans le noir.

Ce qui rapproche au contraire les auteurs convoqués par

---

vous, faites des romans, achetez des automobiles, où trouverai-je le courage de me lever de mon fauteuil... « Jacques Rigaut, *Ecrits posthumes* (Paris ; Gallimard, 1970) 109.

Breton, c'est leur propension à l'auto-destruction, leur passion pour le suicide. A considérer les statistiques parmi les surréalistes, on se demande s'il ne s'agissait pas chez eux d'une maladie contagieuse, ou du moins d'un phénomène qui se propageait par contact, comme l'humour lui-même. Une étude de ce groupe en voie de disparition aurait sans doute persuadé un sociologue que ces spécimens de l'espèce humaine avaient pour devise qu'il vaut mieux mourir que souffrir, que l'homme est toujours prêt à se débarrasser d'un « je » encombrant (où faut-il l'appeler ego ou sur-moi pour ne pas briser la chaîne freudienne ?), qu'il oscille entre un fatalisme mortel ou une tendance active à la destruction, les deux attitudes aboutissant d'ailleurs au même résultat.

Un Jean-Pierre Lacenaire, jugé pour meurtre, n'éprouve pas le besoin de se défendre : « Sans chercher le moins du monde à sauver sa tête, il se fait un dernier jeu cruel d'accabler ses complices qui se défendent. » (*Anthologie,* 89)... sans doute pour ne pas les priver des visions « d'orage » qui accompagnent ses propres « Rêves d'un condamné à mort ».

Un Pétrus Borel invente des bourreaux auquel son héros l'écolier fait des avances nettes : « J'aimerais ardemment que vous me guillotinassiez » (*Anthologie,* 106), mais faute de pouvoir être exécuté par ses propres créations, il s'en remet à Breton biographe, qui l'assassine proprement en deux phrases dont la juxtaposition est un des rares cas d'humour noir à relever dans les notices d'introduction :

> Sous le soleil cuisant : « Je ne me couvrirai pas la tête, dit-il ; la nature fait bien ce qu'elle fait et ce n'est pas à nous de la corriger. Si mes cheveux tombent c'est que mon front est fait pour rester nu. » Il est enlevé en quelques jours par une insolation. (*Anthologie,* 107)

Le ridicule n'a jamais tué personne, l'humour noir, si. Surtout si les conditions atmosphériques s'en mêlent. Et nous retrouvons le même genre de juxtaposition foudroyante dans la présentation de Vaché où une trompeuse affirmation de volonté de vivre est suivie sans transition aucune d'un avis de décès impassible : « " ... j'objecte à être tué en temps de guerre ". Il se tuera peu après l'armistice. » (*Anthologie,* 377)

Etablir et tenir à jour la liste des suicidés surréalistes aurait sans doute servi leur tendance au prosélytisme qui, dans ce domaine, se manifeste d'une manière pour le moins troublante. Il semble bien que l'idée d'avoir entraîné d'autres « je » dans l'aventure n'ait fait qu'augmenter l'intensité de leur plaisir (tou-

jours ce besoin de « fausser » compagnie ?). S'agit-il de rendre
la mort contagieuse, c'est-à-dire de recréer une chaîne
conductrice ?

Qu'on ne s'attende pas bien sûr à ce que les humoristes
montrent beaucoup plus de respect pour la vie des autres que
pour la leur. Electrocuter deux personnes au lieu d'une provoque deux fois plus de convulsions, c'est donc deux fois plus
beau. Est-ce la raison pour laquelle Lacenaire tente de faire
condamner aussi ses complices ? Pour laquelle Vaché a mis en
scène son suicide de manière à ce que le récit que l'on en ferait
ne puisse que laisser supposer qu'il préférait ne pas succomber
seul au poison de son réveille-matin ? M. Marc-Adolphe Guégan nous propose une version roman gothique de l'événement :

> ... je reçois d'une personne de confiance une déclaration terrible. Jacques Vaché aurait dit, plusieurs heures avant le
> drame : « Je mourrai quand je voudrai mourir... mais alors, je
> mourrai avec quelqu'un. Mourir seul c'est trop ennuyeux. »
> (*Anthologie*, p. 376)

Et précisément, « Jacques Vaché *n'est pas mort seul.* Un de
ses amis fut victime du même poison, le même soir ». (376)...
Cette mise en scène suffit à créer les conditions d'une activité
narrative surréaliste : n'est-ce pas de l'humour noir que de laisser en testament la source active d'une rumeur qui force l'interprétation à osciller du « non, c'est invraisemblable » au « ce
n'est que trop vraisemblable », du « affreusement macabre »
au « encore plus affreusement macabre », deux pôles infernaux
entre lesquels il est pour toujours impossible de trancher ? Et
le récit de s'écrire sans que celui qui n'a pas survécu pour le
raconter n'ait rien perdu de son pouvoir troublant :

> ... admettre que cette double mort fut la conséquence d'un
> projet sinistre, c'est rendre affreusement responsable une mémoire. Provoquer la dénonciation de cette « affreuse responsabilité » fut, à coup sûr, la suprême ambition de Jacques Vaché.
> (*Anthologie*, 376)

« Provoquer » ? Le mot semble particulièrement bien choisi.
Breton n'a-t-il pas réussi à émouvoir, bouleverser toute une
génération d'intellectuels pourtant peu naïfs, en recommandant
de tirer au hasard sur une foule qui n'existait pas en dehors
des pages du *Manifeste* ? L'acte surréaliste par excellence ne
comporte-t-il pas toujours quelque appel au meurtre, plus ou
moins simplement mis en scène ? Il suffit par exemple d'interrompre une citation de Rigaut pour y entendre une triom-

phante incitation au suicide et à l'humour noir : « Je serai un grand mort... Essayez, si vous le pouvez [...] »[18]

Car l'humour noir requiert ce renoncement à un je individuel qui tâcherait de conserver, de retenir, de s'opposer avec succès au passage du fluide. Seul le texte doit ou peut parfois faire office d'accumulateur provisoire afin d'intensifier les effets de la décharge, mais c'est au prix d'une structure elle-même fragile et hétérogène qui reste sujette à une destruction possible. N'en déplaise à Walter Benjamin, l'art de l'humoriste est le contraire d'une « production ». Il ne s'agit pas de préserver la vie ou de tenter de la prolonger en érigeant un monument qui perpétuerait une identité quelconque. Non seulement ces amateurs de suicide sont prêts à faire de leur vie le combustible qui disparaîtra au passage de l'étincelle, mais les textes qu'ils laissent après eux ne sont que l'équivalent des décombres de la base de lancement après l'explosion qui libère la fusée. Ne dit-on pas qu'un rire fuse ? Le texte, l'œuvre n'est pas une tombe, une trace indélébile. Plus l'étincelle sera réussie, plus la disparition sera totale, moins la trace sera visible. Les débris du cataclysme seront peut-être à l'état d'infimes traces dans l'écriture, comme par exemple l'étonnante exclamation « Astu » (170) qui fait apparaître le non-sens et le non-langage dans le discours farfelu mais par ailleurs tout à fait réaliste de Nietzsche. L'interprétation de Breton rappelle l'attitude de ces scientifiques qui sont capables de *déduire* de certaines perturbations du système solaire l'explosion d'un astre inconnu :

> Il est vrai que l'euphorie fait ici son apparition : elle éclate en étoile noire dans l'énigmatique « Astu » qui fait pendant au « Baoul » du poème « Dévotion » de Rimbaud et témoigne que les ponts de la communication sont coupés. (*Anthologie,* 171)

L'explosion elle-même peut être considérée comme l'aboutissement, la réussite, l'obtention du plaisir. En quoi l'humour noir se distingue radicalement d'une production artistique ou d'un discours littéraire.

Tenter de « produire », ce serait ignorer le caractère essentiellement passager, fugitif de l'humour noir, et le reléguer au rang d'accessoire secondaire, confondre la fin et les moyens. Vaché s'est fréquemment insurgé contre la prétention des artistes qui succombent à la tentation de faire œuvre « umoristique » (ou

---

(18) La citation complète apparaît dans l'*Anthologie :* « Je serai un grand mort... Essayez, si vous le pouvez, d'arrêter un homme qui voyage avec son suicide à la boutonnière. » 395

d'ailleurs littéraire). D'aucuns soutiennent que c'est sa « personnalité séduisante et brisante » qui « détournera Breton de tout projet littéraire »[19] Il se trouve qu'une assertion aussi catégorique est assez difficile à concilier avec la liste connue des écrits de Breton sauf à revoir radicalement toute la terminologie utilisée en critique littéraire. Cependant, Breton lui-même relève, dans son *Deuxième Manifeste* que Vaché a eu sur lui une influence anti-artistique si l'on peut dire. Produire, faire œuvre, explique Robert Short dans son beau livre d'images sur le Surréalisme, c'est confondre les priorités :

> Several active surrealists in Breton's circle produced neither art, literature, objects nor films. Art works were so many traces left behind in the course of a spiritual quest. They were evidence of an adventure but hardly the purpose of it. (Short, 96)

L'humoriste ne verra, dans l'œuvre d'art, que la futilité d'une lampe de flash déjà consommée. Il va bien plus loin que l'écrivain qui entend vaincre sa mort en se bâtissant un tombeau de son nom. L'humoriste n'a pas de nom, pas de discours, il est inter-dit (de se souvenir de lui.) C'est de son propre nom qu'était faite l'étincelle, il ne s'agit plus de vaincre la mort mais de réconcilier éclair et éternité.

A Jacques Derrida qui affirme dans *Glas :* « Le texte r(est)e — tombe, la signature r(est)e — tombe — le texte. La signature reste, demeure et tombe » (Glas, 61), Baudelaire et Sade répondraient ensemble que l'humour ne peut donc pas être assimilé à un « discours — je dis bien discours — littéraire. » (*Glas,* 61) L'humour est plus « reste » que « tombe ». Un texte sans sépulture est probablement maudit, « Mais qu'importe l'éternité de la damnation à qui a trouvé dans une seconde l'infini de la jouissance ». (*Anthologie,* 137) Quant à Sade, il nous fournit une explication détaillée de ce que nous devons faire des restes, traces, retombées de la fusée humoristique :

> La fosse une fois recouverte, il sera semé dessus des glands, afin que, par la suite, le terrain de ladite fosse se trouvant regarni et le taillis se trouvant fourré comme il l'était auparavant, les traces de ma tombe disparaissent de dessus la surface de la terre, comme je me flatte que ma mémoire s'effacera de l'esprit des hommes. (*Anthologie,* 41)

---

(19) *Le Surréalisme, textes et débats.* (Paris ; Le Livre de Poche, 1984) Introduction (8)

(Sade aurait-il donc échoué ? L'étincelle ne l'a pas totalement consumé. En a-t-il moins d'humour ? A moins que... mais posons autrement le problème.)

Si l'on admet que le non-respect de la vie humaine, la constante incitation au meurtre ou au suicide ne sont pas une position morale, esthétique ou métaphysique, mais un appareillage électrique, la partie la plus importante du suicide devrait donc être la préparation de l'expérience et la mise en scène finale. L'hypothèse se vérifie sans mal. Les facéties de Rigaut (« La première fois que je me suis tué, c'est pour embêter ma maîtresse... » *Anthologie,* 400) ne paraissent absurdes que si l'on n'envisage pas le suicide comme mise en route de la machine patiemment élaborée, minutieusement programmée pour permettre au moment voulu, d'apprécier en connaisseur l'avènement de l'étincelle. Voilà pourquoi « ce qui importait, c'était d'avoir pris la décision de mourir et non pas que je mourusse. » (401) Voilà pourquoi Vaché « ... objecte à être tué en temps de guerre » (377) et avait sans doute découvert que l'invulnérabilité pouvait consister à adopter comme tactique de défense une formule à l'humour immortel. Tel le narrateur de Giovanni Guareschi qui, confronté à l'horreur de la prison, avait décidé : « Je ne mourrai pas, même si l'on me tue. »[20]

Ce qui, bizarrement, nous ramène à Sade et au peu de cas que la postérité a fait de son ambition consciente de néant, de mort totale. Il semble en effet que le suicide soit bel et bien un des meilleurs moyens de ne pas mourir, ou plutôt d'être en état de mort, d'agonie éternelle. En étudiant les habitants d'un village d'Amérique du Sud, et en particulier leur façon de mythifier l'arrivée de la Mort, Robert Hertz s'est aperçu que les suicidés et les hommes frappés par la foudre avaient un statut différent, ne « mouraient » pas comme les autres mais entraient dans un autre monde, un autre enfer que les autres villageois.[21]

---

(20) Giovanni GUARESCHI, *The little world of Don Camillo* 1908 (trad. Una Vincenzo. New York : Pellegrini and Cudahy, 1950)

« The time I spent in prison was the most intensely active of my life. In fact, I had to do everything to stay alive and succeeded almost completely by dedicating myself to a precise program which is summarized in my slogan : 'I will not die even if they kill me'. »

(21) Pour ces morts maudits, les rites funéraires ne sont pas applicables, et au lieu d'atteindre le séjour des morts, ils errent pendant une période qui « extends indefinitely for these victims of a special malediction » si bien que « their death *has no end* ». Robert Hertz, « The Collective Representation of Death » dans *Death and the Right Hand* (trad. Rodney and Claudia Needham, Aberdeen, 1960) 85 (je souligne).

Ce que ces croyances insolites ont d'apparemment incohérent s'éclaire d'un jour encore plus inquiétant lorsqu'on considère la prédilection de nos humoristes pour une forme de suicide associée au passage de la foudre. L'œuvre de Sade est « ce terrain foudroyé entre tous » (48). Quant à Swift, l'initiateur, lui-même « avait dit un jour, en montrant un arbre foudroyé : Je suis comme cet arbre, je mourrai par le sommet ». (21)

Il suffirait donc peut-être d'un peu de réceptivité pour percevoir comme les habitants du continent sud-américain « Le grand message des tombes, qui, par des voies insoupçonnables se diffuse mieux qu'il ne se déchiffre, charge l'air d'électricité ».[22] Le suicide est l'impossible mort, la mort toujours recommencée.

Le suicide de ses adeptes est peut-être ce qui fait de l'humour noir une entreprise collective plus réussie que les séances d'écriture automatiques ou les ateliers de rêves mis en commun. Le résultat du chercheur dépend aussi de la qualité du conducteur utilisé, et pour que « je » soit un autre, pour que l'Humour soit « je », et qu' « il » nous pardonne au lieu (et au moment) de nous fausser compagnie (*Anthologie,* 12-13), il lui fallait sans doute l'emphase des faux contacts, des courts-circuits, des manifestations hystériques d'un principe qui nous est désormais aussi familier que mal connu.

On pourrait, pour conclure, se demander à quel point les propositions de lecture, à la fois autoritaires et invisibles que le texte contient sont systématiquement efficaces, et dans quel cas l'humour noir étincelle ne peut se déclencher en dépit de l'appareillage compliqué qu'on lui a préparé. Quelle peut être la marge d'erreur du système ? Quel élément pourrait isoler le circuit ? Apparemment, ce ne devrait pas être le lecteur, assis sans le savoir à l'avance sur une chaise électrique et soumis à des décharges électriques, à un traitement de choc qui ne manquera pas de déclencher les spasmes du rire ou de la nausée, le plaisir et la souffrance qu'occasionnent ces contorsions involontaires du corps. Le lecteur se tord, devient être sans langage (après tout n'est-ce pas son destin d'être condamné au mutisme ?) et son activité répète, reproduit (mais avec moins d'intensité) celle de ceux qui ont vraiment participé au « tournoi noir ».

---

(22) André Breton, « Souvenir du Mexique » dans *La Clé des champs* 45.

Ceux-là n'hésitaient pas à pousser l'expérience jusqu'au bout, à faire de leur nom propre le matériau que l'étincelle électrique allait transformer en arc fulgurant, en pont humain tendu entre deux pôles chargés d'une immense énergie, et promis à une destruction acceptée en pleine connaissance de cause.

> J'étais dur, j'étais froid, j'étais un pont tendu au-dessus d'un ravin. (346)

Et ce pont du passé, qui dit « je » alors même qu'il n'est plus, est comme l'humour noir lui-même « placé à des hauteurs inaccessibles », « mentionné sur aucune carte », et attend : « Aussi je restais tendu et j'attendais ; je ne pouvais pas faire autre chose que d'attendre. » (347) Il attend l'arrivée de l'inconnu, du mystère, de ce(lui) qui passe (« Qu'était-ce donc ? Un enfant ? Un rêve ? Un voyageur ? Un suicide ? Un esprit de tentation ou de destruction ? » 347), et qui lui fera, l'espace d'un instant, éprouver « une violente douleur » avant de le précipiter dans le vide. Ce passage est responsable de sa mort, ou plutôt de la désintégration de ce je-raisonneur mais déjà si peu humain, qui avoue « ne pas comprendre ce qui se passait. » (347)

Après s'être livrés en connaisseurs aux risques mortels du passage de l'étincelle, tous ces ponts n'ont plus de « je », mais ils peuvent continuer à émettre, à se dire : « Pont raidis-toi ; prépare-toi passerelle, à *supporter* le *passager* dont on te confie la *charge* » (347, et il est par trop tentant de souligner la cohérence électrique de l'imagerie). Ils ne font désormais plus qu'un avec la fulgurance de l'humour noir. Comme un corps ou un terrain foudroyé, ils restent intensément actifs et mortellement dangereux... Et c'est précisément ce critère qui conditionnait pour Breton leur insertion dans une anthologie qu'il entendait peupler de « sujets brûlants » afin qu'elle soit à jamais une « terre de feu » (10).

Mais justement, qu'en est-il des rapports du responsable de l'anthologie avec la foudre dont il savait reconnaître le passage, mais aussi « isoler » (c'est-à-dire rendre inoffensifs) « les produits manifestes » (10) ? Il est le seul élément qui manquait encore au système : si l'humoriste a droit à la jouissance suprême, si le lecteur peut ou doit savoir se contenter de ré-jouissance, que devient le faiseur d'anthologie dans cette course au plaisir douloureux ? De toute évidence, le rôle que Breton joue dans son appareil redoutablement efficace, ne peut être assimilé ni à celui du lecteur ni à celui des participants au tournoi. Sa place est unique, et de ce fait, dans un système de réaction en chaîne, il est déjà moins susceptible de jouer une part active. Seul, unique, dans un tel contexte, signifie aussi débranché ou isolé, c'est-à-dire à la fois protégé et inopérant. La position du fabricant de la machine n'est ni utilisateur, ni partie du circuit, il est pour toujours extérieur. Tous les ponts sont susceptibles de choir un jour, le pape lui, est infaillible comme chacun sait.

Il est à nouveau intéressant ici de faire référence à Mauriac dont les intuitions sont décidément lumineuses. Il est visiblement sensible à la position distincte de Breton, et s'emploie, en une série de phrases un peu énigmatiques par rapport à son article, à décrire ce qu'est, d'après lui, la situation du « metteur en scène ». Ce paragraphe se sert d'ailleurs d'un réseau de métaphores qui s'intègre plus facilement à la présente rêverie électrique qu'au discours abstrait de Mauriac :

> Le drame de Breton est sans doute que, lui, il ne risque rien et qu'il le sait. Immunisé de naissance contre tous les poisons qui lui sont chers. Non pas arbre foudroyé, tel Swift qui avait dit un jour : « Je suis comme un chêne, je mourrai par le sommet » ; mais paratonnerre-sans potence pour reprendre la formule explosive de Lichtenberg : « Potence avec paratonnerre ». (155)

L'argument que Breton était immunisé « de naissance » paraît difficilement démontrable. Mais pourquoi ne pas considérer que cette immunité, cette impossibilité de participer aux mortelles ré-jouissances de l'humour noir, est une des conditions fonctionnelles nécessaires au fabricant de l'anthologie ? Mauriac suggère que la « grandeur » de Breton « résidait sans doute dans cette impuissance à se perdre de vue » (155), ou à se perdre, tout simplement ? Ou la certitude de toujours se retrouver, (sur la couverture du livre) isolé des autres par une épaisseur de papier et se réservant le rôle de celui qui branche à un moment donné la chaise électrique ? Il y a dans le geste toute l'ambiguïté du responsable du circuit qui manie sans danger l'étincelle, qu'il est fort capable d'apprécier en connaisseur éclairé et non en victime. Son attitude n'est pas sans rappeler le mélange de respect, de vénération et d'habileté technique avec lesquels le responsable traite la « Machine », l'inquiétant instrument de torture dans « La Colonie pénitentiaire » de Kafka, qui, comme l'*Anthologie,* est capable d'inscrire la sentence du condamné dans son corps.

Breton est donc protégé par son « paratonnerre ». Son texte se charge de capter l'étincelle, de provoquer, en un point précis, le phénomène merveilleux de la foudre. Mais expérience ne signifie pas maîtrise ou savoir. Le paratonnerre est un mélange de provocation et de précaution, une convocation des éléments et une protection contre leurs effets destructeurs. C'est une façon de *diffuser* le courant, qui transforme l'étincelle en texte, la jouissance en ré jouissance et le présent en re-présenté. Un paratonnerre sert à *amener* l'électricité, à la *conduire,* le long du fil conducteur, jusqu'au bout de ramifications (nerveuses ?), jusqu'à ce qu'elle devienne presque inoffensive. Le seul danger que courre donc Breton, c'est d'être à l'abri de l'humour, et de garder son rôle de guide autoritaire en espérant que le pouvoir le dédommagera de la perte de la jouissance.

Quant au lecteur, il semble que pour lui, le système ait deux écueils, qui tous deux sont fonction de facteurs individuels et imprévisibles : d'abord de sa propre sensibilité à l'électricité (y a-t-il aussi des lecteurs « immunisés de naissance » ?) et de l'efficacité avec laquelle le paratonnerre remplira son office et diffusera l'humour noir. Dans les deux cas, il y a risque de non-fonctionnement de la lecture électrique, et l'*Anthologie* resterait inerte et incompréhensible, en panne. Et ce double danger est d'autant plus imparable qu'on imagine mal quels intruments de mesure précis pourraient apporter de réponses à ces questions de degré de sensibilité. On ne peut donc jamais prédire si l'intensité du courant sera trop faible ou trop forte.

Si malgré le filtre du paratonnerre, la décharge reste trop violente pour le lecteur, à moins qu'un instinct de conservation ne lui fasse fermer le livre, il sera soumis à un choc trop puissant, insupportable, qui transformerait la convulsion en expérience uniquement destructrice, et capable de laisser des séquelles définitives. Le lecteur, enchaîné à son fauteuil deviendrait alors semblable à l'un des humoristes surréalistes, pour qui la « petite » et la grande mort (comme on dit le Grand Œuvre) ne faisaient qu'une. Mauriac nous prévient :

> On dirait qu'on ne peut en appeler à [...] l'humour noir sans risquer d'être voué tôt ou tard aux ténèbres : ivrognerie, misères, folie, mort. » (154)

Mais si au contraire, le filtre textuel rend la chaise électrique quasiment insensible, Breton aura transformé la foudre en ampoule électrique. Et le lecteur averti, trop bien initié, se mettra désormais à chercher l'interrupteur de l'humour noir, à s'attendre un peu trop à l'apparition systématique de la nausée, du malaise, du rire gêné qui serait le signe que la machine fonctionne.

Un tel lecteur ne pourrait plus refaire l'expérience de l'humoriste, mais serait obligé comme Breton, de rester extérieur à la jouissance. Il lui resterait à tirer son plaisir de la maîtrise dont le fabricant fait preuve lorsqu'il fait fonctionner le système, du savoir qu'il a acquis sur certains des phénomènes mis en jeu par l'humour noir. Et si un jour l'humour tombait en panne, ou décidait de faire grève ?

Fig. II
Man Ray, non titré (1929)

CHAPITRE IV

HYPOCRITE BRETON,
MES COMPAGNES, MES SŒURS...

> Si vous vouliez, pour vous je ne serais
> rien qu'une trace...
>
> NADJA.
>
> Et voilà pourquoi votre fille est muette...
>
> MOLIÈRE.

Mais que l'humour décide ou non de faire grève, la silhouette féminine qui, depuis le début de notre histoire, est rivée à sa fenêtre par sa propre fascination et par le photographe, n'a pas cru devoir bouger d'une semelle. Il est peut-être temps pour le critique de la regarder d'un œil un peu différent, et de ne plus se concentrer exclusivement sur les effets mimétiques de l'*Anthologie*. D'abord, rendons-lui sa tête (Man Ray lui-même a cru devoir le faire quoique l'opération l'ait apparemment privé de sa propre voix : cette variante de la première photo n'as pas de titre. Voir ou plutôt regarder « Figure » II). Après avoir accepté de travailler au contact de la fenêtre dangereuse qui nous menaçait de son rideau, après avoir dénoncé la violence de l'activité qui préside à la mise en *Anthologie* et fait ressortir les effets que peuvent avoir un tel texte sur l'observateur innocent qui croit pouvoir échapper à l'expérience, il est peut-être temps pour nous aussi de faire retraite au fond de la chambre pour poser au texte d'autres questions.

La présence de cette femme en position d'observatrice-victime n'a d'ailleurs rien d'original et ne fait qu'étendre au domaine de la photographie les problèmes idéologiques que la représentation de la femme pose dans tout le mouvement surréaliste : la question que, du fond de la chambre obscure, nous avons envie de poser à la fois à l'image et au texte de Breton est la suivante : pourquoi une femme ? Pourquoi la femme a-t-elle presque systématiquement droit à la position de victime, rayée par l'un, dépecée et souvent dévorée par l'autre ? Sur les quarante cinq auteurs sélectionnés par Breton pour participer au tournoi noir de l'humour, deux seulement sont des femmes : Leonora Carrington et Gisèle Prassinos. Cette évidente disproportion, une fois remarquée, ne constitue certes pas un sérieux critère d'analyse, ne permet pas de tirer des conclusions. Mais le déséquilibre flagrant nous amène cependant à poser au texte de nouvelles questions, notamment sur le rapport entre ce que Breton appelle « humour noir » et ce que nous savons (à ce stade intuitivement et naïvement) de la « femme » et de l'écriture au sein du groupe surréaliste. Une femme n'aurait-elle pas d'humour ? La femme serait-elle incapable d'écrire l'humour ? A-mour fou et u-mour noir sont-ils incompatibles ? Breton aurait-il renoncé à rapprocher ces deux réalités dont il a pourtant fait les deux pôles du surréalisme ?

De même qu'une réflexion sur « l'humour noir » a plus de chance de rendre l'expression problématique que de clarifier ses limites linguistiques ou conceptuelles, un travail sur la « femme surréaliste » risque fort d'aboutir à la remise en cause de l'étiquette elle-même, ou du moins du systématique télescopage de toute une série de notions que certains ont intérêt à regrouper sous cette bannière. Il est vrai que suivant que l'on cherche la « Femme » dans la table des matières de l'*Anthologie* ou au contraire parmi les personnages ou représentations fictives des extraits, on conclura tout aussi légitimement à la présence ou à l'absence, à la glorification (révolutionnaire ?) ou au contraire à l'exclusion (phallocratique ?) de ce deuxième sexe qui n'en est peut-être pas un. En d'autres termes, les partisans de deux doctrines totalement opposées (le surréalisme annonce le féminisme, ou au contraire, le surréalisme ne fait que renforcer la logique patriarcale) trouveraient avec un égal bonheur les exemples nécessaires à des démonstrations polémiques.

Il semble pourtant que les surréalistes, et en particulier Breton, aient joui, aux yeux des premières féministes, d'une flatteuse réputation, mais que l'on leur ait reproché par la suite, l'ambiguïté de leur intérêt pour la femme. Le volumineux numéro de la revue *Obliques* consacré à la femme surréaliste, fait état de la place relativement importante que des auteurs comme Breton ou Eluard ont accordé à son statut d'inspiratrice, de sujet ou d'objet d'art. Renée Riese Hubert, dans un récent article paru dans *Dada Surrealism,* émet des réserves sur la forme de leur engagement mais remarque que les surréalistes se sont efforcés de ne pas exclure la femme d'un monde que l'on ne tarderait pas à appeler phallocratique, souligne l'importance des peintres féminines au sein du mouvement, et fait de l'affaire Violette Nozière, le symbole d'une prise de position rare à cette époque[1].

Il est vrai que la « Femme » (qui est à ce stade une étiquette au moins aussi floue que « l'humour ») occupe une place de choix dans les textes de Breton, aussi bien dans les écrits théoriques que dans les poèmes ou expériences d'écriture. On sait le crédit accordé à l'Amour comme principe souverain de changement radical et de découverte de l'inconscient, et vu la conception strictement hétérosexuelle de l'amour-rencontre imposée comme idéologie du groupe, il est concevable que la mise en présence de l'homme et de la femme devienne une activité surréaliste au même titre que les rapprochements d'objets dûs au hasard objectif. Dans *Nadja, Arcane 17,* ou *L'Amour Fou,* la « Femme » n'est pas seulement le cœur thématique du texte, elle est chantée, glorifiée, idéalisée. Elle représente un pôle opposé positif en faveur duquel il faut se décider : du même ton catégorique et excommunicatoire qu'il exclut les dissidents des rangs du surréalisme ou du « tournoi noir de l'humour », Breton se prononce sans ambiguïté pour une redistribution des pouvoirs, entérinant de ce fait le fossé irréductible entre la classe des « hommes » et la classe des « femmes », fixant les deux partis en une situation de rivalité ouverte. A l'en croire, en 1944, il n'est désormais plus temps de tergiverser mais « de se déclarer en art sans équivoque contre l'homme et pour la femme, [...] de déchoir l'homme d'un pouvoir dont il est suffisamment établi qu'il a mésusé »[2].

Pourtant, dans le cadre d'une étude sur le langage, même ces déclarations enthousiastes pourraient paraître suspectes : « se » déclarer pour la femme, n'est-ce pas une autre façon de monopoliser la parole et l'expression créatrice, de s'occuper de « soi » ? Se déclarer pour la Femme, avec un grand F, n'est-

---

(1) « Surrealist Women Painters, Feminist Portraits » dans *Dada, Surrealism* n° 13, 1984 (72).
(2) *Arcane 17* (64).

ce pas jouer un mauvais tour aux artistes qui ont un nom ? La démarche n'est-elle pas similaire à celle qui pousse les narrateurs de *L'Amour Fou* et d'*Arcane 17* à ne pas donner d'identité au personnage féminin ? Dans ces deux textes, la femme est désignée par « X », comme l'inconnue d'un problème, ce qui varie d'une histoire à l'autre. « X » signifie à la fois la place où lo nom devrait être et son absence. Le refus de nommer est même souligné dans *Les Vases communicants* où le « je » semble d'ailleurs vouloir se justifier de son procédé : il éprouve le besoin de préciser qu'il parle d'une femme « que je n'appellerai d'aucun nom, pour ne pas la désobliger, à sa demande »[3]. Le narrateur renonce au *nom,* renonce à *appeler,* c'est-à-dire à parler directement à l'autre. Il persiste à *s'*adresser à la Femme générique, ce qui est peut-être le meilleur moyen de la traiter royalement sans jamais avoir à traiter *avec* elle(s).

Il ne s'agit pas ici de reprocher à Breton ce parti pris de non-nomination ou de chercher à en tirer des conséquences sur le plan littéraire ou politique ; nombre de critiques se sont déjà chargés de faire le procès du soi-disant féminisme surréaliste. Mais les rapports entre « femme », « nom » et utilisateur de la parole soulèvent des questions auxquelles les textes eux-mêmes peuvent répondre, surtout si l'on se sert des cadres lacaniens pour poser le double problème de production de l'écriture et de sa réception : l'*Anthologie de l'humour noir* présente-t-elle la même caractéristique que *Nadja* ou *L'Amour Fou* ? Le biffage du nom correspond-il à une absence, à un manque ? Et répondre à une telle question suppose-t-il la mise en place de nouvelles stratégies ou espaces de lecture ou d'interprétation ? L'Umour serait-il (une affaire d')homme ? Pourquoi, lorsque l'humour noir transite par le nom de la femme, le lieu d'où il provient est-il si exigu ? Les deux noms de femmes sont entourés d'une énorme majorité d'hommes qui reproduisent d'ailleurs cette situation d'encerclement dans les textes en installant la femme au centre de leur discours.

Certes, l'humour et la femme ne sont pas incompatibles, mais apparemment, de même que l'on ne peut parler de l'un qu'au moment où il n'est pas, il est beaucoup plus facile de parler *de* l'autre que de lui donner un nom propre ou de lui laisser la parole : l'a/u-mour, la femme, comme l'inconscient, « ça » ne parle que rarement.

---

(3) *Les Vases communicants* (66).

1. *Madame de SADE*

Et même quand « ça » parle, il est loin d'être dit que l'homme soit disposé à écouter. Puisque Virginia Woolf a déjà presque réhabilité la petite sœur de Shakespeare, tentons de parler en faveur de Madame la Marquise de Sade, qui dans un des extraits, est remise à sa place par son mari : son rôle n'est pas d'écrire, même pour s'adresser à son époux, mais de lire ce qu'il lui écrit. Sade ayant toujours bénéficié d'une excellente réputation auprès du groupe surréaliste, on ne s'étonne pas de le voir figurer en bonne place dans l'*Anthologie*. Breton y inclut un passage de *Juliette* et une lettre destinée à la Marquise[4]. Cette lettre est une réponse à un texte ou plutôt à un hors-texte, à une écriture féminine à laquelle il est fait référence mais qui n'est jamais reproduite et à laquelle le lecteur de l'*Anthologie* n'a pas accès. Le « titre » de cet extrait, le « nom » du texte en quelque sorte diffère suivant qu'on le cherche dans la table des matières ou en haut de la page qu'il occupe : « Sade » dans le premier cas, « A Madame de Sade » dans le deuxième. Quel que soit le moyen d'identification retenu, on constate d'une part une hypertrophie du nom de l'homme et l'élimination totale de celui de la femme. Au mieux, le féminin est en bout de l'adresse, il est ce « *A...* » qui quelque chose (la lettre) arrive. La « -dame » est littéralement enfermée entre deux marques de possession rendues banales, innocentées par la langue : « ma » et « de », particule ambiguë qui tout en conférant à l'épouse les privilèges de classe du mari lui rappelle qu'elle est « à » quelqu'un, comme la lettre qui finalement est adressée à (Madame de) Sade. Le « titre » désigne avant tout celui qui écrit. Le texte se signe de l'intérieur, « moi, moi, moi... » et se répète complaisamment.

La présence insistante du nom de l'homme qui se reproduit aussi souvent que la langue lui en fournit l'occasion s'accompagne d'une volonté explicite d'éliminer l'autre du champ du discours, ou plutôt de la reléguer au pôle de la réception :

_____

(4) « Madame de Sade » n'est pas le nom propre à/de la femme. C'est le nom du mari-père qui lui confère une identité et la range sous la Loi.

J'ai reçu ce matin une grande lettre de vous qui n'en finissait plus ; N'en écrivez donc pas si long, je vous en prie : croyez-vous que je n'aie d'autre chose à faire que de lire vos rabâchages ? Il faut que vous ayez bien du temps à perdre pour écrire des lettres de cette taille-là, et moi de même pour y répondre, convenez-en. Mais cependant, comme l'objet de celle-ci est d'une grande conséquence, je vous prie de la lire à tête rassise et d'un beau sang froid. (40)

L'humour « tendancieux »[5] du passage vient sans doute du fait que le locuteur se permet de formuler violemment un interdit, d'exercer un pouvoir arbitraire que l'on masque d'habitude sous des formules plus évasives et plus polies. Sade s'arroge sans scrupules le droit d'édicter des lois qui ne le concernent pas : il n'hésite pas à reprocher à la femme ses « rabâchages » tout en s'autorisant à ne parler que de lui-même.

Le temps investi dans une opération d'écriture est vectorisé : l'homme écrit, la femme lit. Sade, visiblement est incapable de lire, de comprendre, d'interpréter la lettre qu'il a reçue. Il mentionne la correspondance, accuse réception, mais ne répond jamais à proprement parler. Il n'est jamais question du contenu de la lettre dans son propre texte et sa volonté d'ignorer le message rappelle étrangement une des images qui hante Breton dans *Les Vases communicants* : il y parle d'une « enveloppe vide, blanche ou très claire, sans adresse, fermée et cachetée de rouge, le cachet rond pouvant fort bien être un cachet *avant* la gravure, les bords piqués de cils portant une anse latérale pouvant servir à la tenir ». (66) Comme l'objet surréaliste, né (de l'aveu même de Breton) d'un « mauvais jeu de mots », la femme est « cil-anse », « enveloppe silence ».

Le « je » de la lettre, celui qui écrit entend qu'on le lise et se refuse absolument à changer de place, à devenir lecteur. Son geste est orienté et il ne souffre pas que son travail de communication soit transformé en dialogue, en conversation. L'écriture est à sens unique, et l'*Anthologie* semble accepter la consigne puisqu'elle élimine une partie du dossier et ne nous fournit que la réponse de Sade en dépit de certaines conventions. Au contraire de ce qui se passe dans le roman par lettres par exemple, seul un des pôles de la correspondance est présent ; sans doute pour que nous lecteurs, ne perdions pas notre temps.

Pour le « je » qui écrit, le temps passé à lire devient du

---

(5) Je reprends la terminologie de Freud dans *Le mot d'esprit et ses rapports avec l'inconscient* (163-173).

temps perdu, comme si l'acte d'écriture devenait une fonction permanente, liée à un sujet particulier, et qu'il n'est plus jamais question de laisser à d'autres. La place de la dame « de » Sade est donc définie comme réceptrice. Envoyer des lettres, des signes, ou des « signaux » (49) est réservé à celui qui possède le nom propre ; le rôle de la dame est un peu différent : « A propos, *envoyez*-moi donc mon linge » (51, dois-je préciser que c'est moi qui souligne ?).

A bon entendeur... La place de celui qui écrit n'est pas provisoire, et c'est à lui que revient de régler les détails de la communication, de décider, qui lit quoi et comment. Car le texte de Sade contient ses propres consignes d'interprétation et dicte à la femme la façon correcte de réagir : le lecteur-femme se doit d'écouter et d'approuver (« ... je suis persuadé que vous allez, en [...] lisant, applaudir malgré vous à l'étendue de mon génie et à la richesse de mes connaissances ». 49).

Et non seulement la lettre sert à proposer la réception correcte, mais elle sert également à imposer arbitrairement un langage qui fera désormais figure de loi. Il est considéré que la femme n'a pas de langue, est hors-texte, hors-langage avant d'avoir pris connaissance de cette lettre. Et il va de soi que le lecteur de l'*Anthologie* qui se sent interpellé par le « vous » est dans le même cas. Le texte qui nous parvient ne sert pas en effet à raconter une histoire, à véhiculer une information. Il ne « dit » rien au destinataire, il propose un code, une nouvelle façon de s'exprimer, un nouveau langage. La lettre est un dictionnaire de « signaux » qu'il nous est demandé de reconnaître et d'utiliser. Si la situation X se présente, Madame de Sade devra, paraît-il, la re-présenter, non pas à l'aide de la langue qu'elle utilisait jusqu'alors pour communiquer avec ses semblables, mais grâce aux « signaux » Saussuriennement arbitraires que lui propose son époux.

Ce renouvellement du langage ressemble fort à une activité surréaliste, et l'autorité avec laquelle Sade entend l'imposer ressemble à celle de Breton théorisateur et chef de file du mouvement. L'humour noir du passage est peut-être à sens unique comme la lecture et l'écriture selon le Marquis : en tant que lecteurs de l'*Anthologie,* nous sommes dans la même situation que Madame de Sade, mais alors même que nous sommes conscients d'être insultés par un texte autoritaire et monopolisateur, il ne semble pas que nous ayions les moyens d'échapper à son pouvoir.

Femmes-lecteurs, ou lecteurs-femmes, nous voici représenté(e)s et interpellé(e)s par un discours qui ne tolère pas le dialogue, et lorsque la femme « parle », c'est que l'homme, s'adressant à elle comme à un(e) autre (lui-même) lui commande de *répéter,* de *reproduire* les signes qu'il a lui-même façonnés (pour mieux lui reprocher au besoin de « rabâcher » et de lui faire perdre son temps). Le lecteur-femme ne doit ni interpréter, ni chercher une signification, ni même comprendre : la lecture consiste à reconnaître un parallèle entre un signifié et un signifiant arbitraire.

> Quand vous voulez signaler le 2, le double, le duplicata, le second toi-même, le payer deux fois etc, voici comment il faut vous y prendre [...] (*Anthologie,* 50)
> Quand vous voudrez faire un 16 à 19 [...] il faudra [...] (51)

Cette technique acquise ne permettra pas de communiquer, de transmettre une information, mais servira à satisfaire le désir que l'homme a d'exprimer, de représenter une situation donnée de la manière qu'il aura choisie au préalable. Le schéma de l'adresse textuelle ne comprend qu'un seul pôle émetteur : celui qui écrit le texte, le détenteur de la signature, du nom du père, celui qui *s'*adresse à... Le narrateur s'envoie des signes, un langage qu'il a lui-même créé. Il se les renvoie par l'intermédiaire du destinataire de son texte qui a pour mission de lui servir de miroir et de reproduire ses signaux. La femme-lecteur est un outil à répéter, chaque fois que c'est nécessaire, c'est-à-dire chaque fois qu'une nouvelle demande, une nouvelle adresse, une nouvelle lettre lui parviennent. Elle est code, instrument par où passent les signes, machine à écrire.[6] L'omniprésence de la « femme » dans *l'Anthologie* est indissociable de la monopolisation de l'émission de signes et nombre d'extraits illustrent ce phénomène de mécanisation de l'élément féminin.

Dans l'extrait de *Juliette* qui précède la lettre à Madame de Sade, les femmes sont transformées en objets utilitaires, leur corps est le lieu où est servi le plaisir de l'homme :

> ... Les meubles que vous voyez ici, nous dit notre hôte, sont vivants [...] Cette mécanique est simple, dit le géant, en nous faisant observer de près la composition de ces meubles. Vous voyez que cette table, ces lustres, ces fauteuils, ne sont composés

---

(6) André Breton, analysant la force de l'image de Lautréamont qui rapproche un parapluie et une machine à coudre sur une table de dissection affirme que « si l'on veut bien se reporter à la clé des symboles sexuels les plus simples, on ne mettra pas longtemps à convenir que cette force tient à ce que le parapluie ne peut ici représenter que l'homme, la machine à coudre que la femme (ainsi, du reste que la plupart des *machines...*) ... *Les Vases communicants* (67, je souligne)

que de groupes de filles artistement arrangés ; mes plats vont se placer tout chauds sur les reins de ces créatures... (*Anthologie*, 47)

Dans un passage du *Surmâle* de Jarry, la femme est représentée par une machine de fête foraine munie d'un cadran, sur laquelle une aiguille indiquera à l'homme le degré de sa force. De nouveau, elle parle un langage préfabriqué par l'homme et destiné à son propre usage.

Dans « La science de l'amour », extrait d'un ouvrage de Charles Cros, la femme est le sujet d'une expérience qui consiste à traduire en équations mathématiques les réactions d'un corps amoureux, à transformer le sémiotique en symbolique. Dans « Introduction à la vie de Mercure », le corps de l'héroïne, femme-grenouille, sert de lieu de passage aux « révélations de l'occulte ». (372)

Les figures féminines n'ont pas de langage. Elles sont au mieux le lieu où le langage du scripteur se répète, se rabâche, le miroir où il s'écoute, se comprend, s'adresse la parole. Sade et Breton n'en sont pas à leur premier coup de force, l'affaire est entendue : écrire c'est donner le signifiant, c'est être le phallus. Lire c'est répéter le signifiant.

> La bonne à tout faire qui va danser se déguise en bourgeoise. La femme qui écrit se déguise en... en homme.[7]

A supposer que Breton ait donc fait exception en ce qui concerne Gisèle Prassinos et Leonora Carrington, il convient de se demander si leur insertion dans le texte n'est pas due au fait qu'il percevait leur écriture comme un cas particulier ou si le fait de les inclure dans l'*Anthologie* n'est pas une façon de les récupérer.

2. *Breton et les introductions*

Une étude des introductions qui précèdent les textes de ces deux auteurs tendrait à confirmer les soupçons : même ces deux femmes qui ont gardé leur nom propre sont rangées parmi les

---

(7) Xavière GAUTHIER, *Les Parleuses* (38). Si ce texte n'était pas l'enregistrement délibérément exact d'une conversation, la première hésitation (« en... ») ne serait pas visible. Et pourtant, comment mieux exprimer cet avortement de l'effort, cette faille des mots. Comme si l'élan vers l'écriture passait d'abord par le « cil-anse », le non-dit.

images stéréotypées d'une tradition littéraire pré-existante. Certes, Prassinos et Carrington participent au tournoi en tant que créatrices et artistes, mais Breton les présente comme des archétypes féminins plutôt que comme des producteurs d'humour noir qui se trouveraient également appartenir à un autre sexe. Les formules qu'il utilise révèlent qu'il est fasciné par les qualités mythiques de la femme artiste plutôt que par ses créations elles-mêmes. Comme Sade, il reconnaît l'existence d'une écriture féminine, mais préfère contourner le sujet (si l'on peut dire) : la présentation de Leonora Carrington ne se fait pas directement mais par l'intermédiaire d'un autre texte écrit à propos de femmes (La Sorcière de Michelet) et de tout un appareil mythologique qui fait de Leonora un exemple typique, une pièce du puzzle traditionnel au sein duquel elle perd son identité, sa différence et son statut prioritaire d'écrivain. La voilà classée « femme sorcière ». A la suite de Michelet, Breton s'indigne généreusement que les sorcières n'aient souvent été hypocritement brûlées que « parce qu'elles étaient jeunes et belles » (Anthologie, 425) mais sa façon d'assigner l'étiquette de « sorcière », de pousser l'individu à l'intérieur de ses propres cadres mentaux et textuels, revient aussi à plus long terme à réduire quelqu'un en cendres.

Femmes-sorcières, femmes-sirènes, de Mélusine à l'héroïne de L'Amour Fou, danseuse aquatique, les surréalistes avaient à leur disposition toute une collection de références littéraires et de mythes prêts à être remis au goût du jour. Leur originalité ne vient pas tant de la façon dont ils ont utilisé ces images pré-fabriquées que du fait qu'ils ont repris à leur compte certaines légendes oubliées par la mémoire collective de leur époque, et su les imposer à un public.

Si Leonora Carrington, pouvait être femme sorcière, Gisèle Prassinos et ses quatorze ans se prêtait admirablement à l'image de femme-enfant que tout le mouvement avait adopté comme mascotte[8]. Breton enferme ainsi ses deux auteurs dans des cages linguistiques dont il faudra d'abord qu'elles sortent pour pouvoir exprimer autre chose que ce qu'on attend d'elles. Comme ses auteurs et narrateurs élus, Breton n'entend connaître la féminité, l'objet tant attendu de la « rencontre », que par l'intermédiaire des images, des signes qu'il émet ou s'attend

---

(8) Voir à ce sujet l'article de Gérard Legrand paru dans le numéro d'Obliques consacré à la femme surréaliste : « A propos de la femme-enfant ». Il y passe en revue les origines de l'expression et les multiples utilisations qu'en font les surréalistes dans tous les arts.

à recevoir. La « femme », X, est le produit des systèmes symboliques, mythiques ou littéraires déjà en place.

Comment un lecteur pourrait-il donc entendre la voix d'une femme, voir son corps autrement que derrière la grille projetée sur elle par le rideau de la fenêtre ? Est-il possible de lire l'*Anthologie* et d'être sensible à ce que l'extrait de Leonora Carrington peut avoir d'unique alors que son texte est enserré dans une unité textuelle dont la structure sert à manipuler le lecteur ? Dans l'espoir de mettre quelque distance entre ces consignes de lecture autoritaires et l'observateur, il faut à présent renoncer à regarder à la fois la fenêtre et le personnage rayé de noir. Pourquoi ne pas se concentrer par exemple sur un détail du tableau, sur deux extraits tirés de la sélection de Breton qui seront lus ici en parallèle, simultanément : plutôt que de répondre un peu trop vite à cette question, je me propose à présent de lire simultanément deux récits tirés de la sélection de Breton : « Introduction à la vie de Mercure » d'Alberto Savinio, et « La débutante » de Leonora Carrington. En concentrant son attention sur une partie limitée de la composition, le lecteur se ménage une plus grande marge de liberté, une indépendance dont les textes cherchent à le priver.

On pourrait reprocher à ce procédé d'aboutir à une analyse partielle, non-représentative qui sera nécessairement entâchée de parti-pris. Mais en réalité ce choix n'a rien d'arbitraire car si la lecture d'un petit nombre d'extraits peut donner l'impression de n'être pas représentative, d'avoir été décidée « au hasard », c'est aussi parce que le lecteur ne parvient que difficilement à sortir d'un cadre de raisonnement et cherche l'approbation du fabricant de texte qui lui impose des cadres d'interprétation, d'analyse, de réaction.

Pourquoi en conséquence ne pas refuser de lire, renvoyer à l'autorité son propre refus d'écouter. Est-il inévitable que le lecteur-femme se résigne à ne pas écrire « si long » ? Le lecteur-femme se doit-il/elle se contenter « d'applaudir » malgré lui/elle ? Visiblement, Madame de Sade a été capable de faire parvenir sa première lettre à destination, et c'est ce premier acte d'écriture qui a provoqué une réaction de défense.

Si l'*Anthologie* tente de rendre impossible toute lecture linéaire, impose la fragmentation comme étalon, usons des conseils de Swift et de sa tactique de surenchère. Devenons à notre tour sélectionneurs arbitraires et décidons quels extraits auront droit de cité dans notre propre espace de lecture. Plus le choix sera apparemment dépourvu de justifications, plus le système sera « ébranlé » comme par les claquements de porte des domestiques irlandais. Puisque les textes où un « je » possède le langage cherchent à éviter toute concurrence qui mettrait le monopole en danger, rapprochons l' « Introduction à la vie de Mercure » de l'extrait de Leonora Carrington, « La débutante ». La confrontation entre les deux passages retire le deuxième conte de l'espace clos de l'*Anthologie* dont la structure d'ensemble sert entre autres à imposer au lecteur des « avenues de sens » (comme dit Barthes dans *S/Z*). S'il y a une chance d'écouter la voix d'*une* femme, et non le chant de la femmesirène-grenouille ou le message fumeux de la pythie, il faudra d'abord modifier la scène de communication, l'économie du livre dans son ensemble. Et puisque la mise en présence de deux pôles (considérés comme) opposés est génératrice d'humour noir ou d'images surréalistes, voyons à quel cadavre plus ou moins exquis donne naissance la confrontation de l'écriture humoristique de la divergence (la nouvelle de Savinio) et celle de la ressemblance (le conte de Carrington). A ceux qui objectent que la critique comme fabrication de cadavres est une activité de mauvais goût, je ferai remarquer que la dernière phrase de l' « Introduction à la vie de Mercure », la nonréponse de Rana, femme oracle, à la question qui lui est posée par un homme, semble nous y autoriser : « Sommes débordés. Egorgeons enfant. Repassez plus tard. » (*Anthologie,* 374)

3. Savinio

Dans « l'Introduction à la vie de Mercure », le narrateur est omniscient et impersonnel. Pas une seule fois le texte ne lui laisse l'occasion de se démarquer comme masculin ou féminin, sa voix est sans visage, sans corps, elle est issue de nulle part. L'histoire se raconte sans qu' « il » ou « elle » ou même « ça » ne parle. Comme si le narrateur n'avait pas droit au pronom personnel, il est hors-je. Il y a langage sans attribution personnelle possible. Les seules entités fictives équipées d'un « il » ou d'un « elle » sont les personnages principaux : Rana, la maîtresse de maison, et Robert Danesi, un de ses invités. Le conte décrit une réunion mondaine fort comparable aux dîners fantastiques des films de Buñuel où le « Charme discret de la bourgeoisie » est férocement caricaturé. Dans ces univers clos et étouffants, le code des bonnes manières, pour être inattendu et souvent absurde, n'en est pas moins rigoureusement respecté par tous les convives. Dans le conte, au cours de la soirée, les invités commencent par absorber de la nourriture et échanger des formules de politesse dont le contenu est étroitement codifié : ce qui se dit, le moment où « ça » se dit, tout est prédéterminé non par le locuteur, le contenu de l'énoncé (imposé par les règles sociales), mais par le lieu d'énonciation, de la place respective des utilisateurs du langage. Après le repas, le langage lui-même devient ainsi le troisième personnage principal.

L'héroïne du conte, qui descend en ligne directe d'une dynastie de batraciens est un être composite, mi-humain, mi-animal, mi-femme, mi-grenouille. Sa fonction sociale ne se résume pas au rôle de maîtresse de maison, d'hôtesse bourgeoise ; elle est surtout la femme sorcière, pythie mythique qui communique avec les forces de l'occulte. La réunion n'est pas seulement une fête, mais une « séance », un moment social privilégié où l'espace s'organise de manière à ce que l'un des invités puisse consulter l'oracle et obtenir une réponse à ses questions.

C'est le désir d'un homme qui est la cause de la situation sociale : après le repas, il se lève et commence un « discours ». Mais cette intervention traditionnellement attendue a ceci de particulier que le personnage n'a en fait *rien* à dire *à* personne. Contrairement au conteur défini par Walter Benjamin[9], il n'a ni information ni « expérience » à transmettre au reste du groupe. Son histoire ne les concerne pas, et du reste, il ne s'adresse pas vraiment aux autres invités puisqu'il leur « tourne le dos » avant de commencer à parler (*Anthologie,* 373). Il n'a pas d'interlocuteur, pas plus les autres hommes que la femme-grenouille ou un être humain quel qu'il soit. Il utilise le langage parce qu'il souhaite savoir quelque chose. Son désir et cause de la réunion, de son discours, et de la réponse qui lui sera faite :

> Messieurs, continua le postulant tragique d'une voix qui se fit plus grave, voici la cause qui nous réunit ce soir. Je désire connaître par la bouche de cette saloperie de Mme Giulia Rana... (373)

Paradoxalement, ce n'est pas parce qu'il la traite de « saloperie » que l'homme exclut la femme, mais parce qu'il est clair que Giulia Rana ne vaut que par sa « bouche », c'est-à-dire le lieu de passage ; elle est l'intermédiaire, et non celle à qui le

---

(9) Voir « The Storyteller », in *Illuminations* (ed. H.Arendt) New York ; Shocken Books, 1969 (82-109).

désir s'adresse. Tout dialogue est a priori impossible puisque la volonté de communiquer est absente et que ce qui reste du langage est strictement codifié, impersonnel. Les injures les moins voilées apparaissent ici en lieu et place de formules de politesse auxquelles les membres de chaque groupe social déterminé sont habitués, suivant la technique de surenchère caractéristique de l'humour noir. Lorsque les domestiques de Swift claquent les portes, leur geste devient une sorte de grève du zèle qui ne manque pas d' « ébranler » le système. Ici, la « grève du zèle » s'effectue au niveau du langage ; en termes freudiens, disons que l'obligation d'utiliser une langue policée parvient à masquer les désirs inacceptables pour un sur-moi, et ce n'est d'ordinaire qu'au travers des jeux de mots ou lapsus que le retour du refoulé s'effectue. Or ici, une subversion de même nature se produit à un niveau tout à fait conscient et donne naissance à l'humour surréaliste par excellence. Le principe de fonctionnement est à peu près similaire : remplacement sur l'axe syntagmatique d'un mot ou d'un son par une incongruité. Un paradigme insolite est ainsi créé qui rapproche fortuitement les pulsions et le masque social dans l'esprit de l'auditeur (« cette saloperie de = cette chère...). Le narrateur a consciemment recours à une technique qui produit à peu près les mêmes effets qu'un acte manqué : il s'en tient à un code rigide qui détermine la façon dont on s'adresse à l'autre, mais le contenu des formules est modifié. Les confrontations que le langage permet en général d'éviter réapparaissent ainsi sous couleur d'humour, de fiction, et permettent d'insérer dans un discours mondain des phantasmes sado-masochistes, des pulsions anales, et de jouer avec les mots comme l'enfant joue avec son corps : avec un plaisir polymorphe, pervers et évident. Le narrateur se permet non seulement d'insulter la maîtresse de maison mais aussi d'imaginer que les cocktails sont composés « d'ammoniaque et d'excréments divers » (372) que, pour se saluer, les personnages se « crachent à la figure ainsi qu'il est d'usage dans la meilleure société » (372)[10].

Les insultes ne sont donc pas destinées à la femme elle-même, mais elle n'est pas moins totalement exclue d'un espace de communication où l'homme n'adresse son désir de savoir qu'à l'occulte, qui, il l'espère, sera capable de répondre à la demande. Dans le conte, conformément à une tradition bien

---

(10) L'élément ludique et carnavalesque ôte sans doute beaucoup de son pouvoir à la subversion, et si la libération du langage est surréaliste de par sa provocation, Breton regretterait sans doute que le rapprochement entre politesse et violence inconsciente ne soit pas fortuit et reste à l'état de technique.

établie depuis Virgile, l'oracle s'.exprime par l'intermédiaire du langage humain et du corps de la femme qui servent de véhicule, de lieu de passage aux forces interpellées. Le langage ne circule pas entre les personnages, ne sert pas de trait d'union ou d'instrument de communication. Si l'homme raconte son histoire (Il a fait naufrage, a réussi à sauver son fils et croyait son épouse morte jusqu'à ce qu'une rumeur contraire lui fasse consulter les esprits à ce sujet[11]) ce n'est pas pour le bénéfice de ses auditeurs, mais pour que l'oracle comprenne sa question. Le langage ne s'adresse pas à un corps humain, il n'y a donc ni dialogue ni échange. L'homme monopolise le verbe, ce qui se traduit dans le texte par une réquisition du pronom « je », détourné de son utilisation de shifter : l'homme-je ne devient jamais « vous » pour un autre personnage, ne devient jamais objet du discours d'un autre/je. L'autre n'existant pas, le « je » devient propriété d'un seul, presque un nom propre, et le texte se présente comme une pyramide complexe d'utilisateurs du langage qui restent tous à un niveau déterminé, sans communiquer. La gamme possible des fonctions narratives et des pronoms personnels est divisée en strates closes : le narrateur utilise il(s) et elle(s) pour se faire l'écho impersonnel d'un personnage masculin (détenteur du « je »), de la femme (dont le corps réceptif, comme une membrane vibrante laisse passer une voix qui n'est pas la sienne) et de l'oracle (le « ça », le pronom neutre qui n'existe pas sans support autre que lui-même). Reformulée par Lacan, l'équation s'écrit : « ça » parle où le « je » n'est pas.

Ce type d'écriture correspond semble-t-il à une organisation mentale des relations entre individus : lorsque chaque pronom correspond à une fonction narrative bien distincte, le « je » n'est plus un des éléments de la paire je-vous opposée aux non-personnes (comme dit Benvéniste), mais le lieu de la voix masculine. Le « vous » disparaît totalement et le monde qui se crée alors est un univers de séparation, de fracture. La stratification souligne les divergences, met l'accent sur les barrières internes qui cloisonnent le langage, isolent les « êtres » les uns des autres en empêchant le passage d'un courant de paroles qui pourrait les relier. Le « je » est monopolisé et la femme ne peut pas s'exprimer. L'homme s'adresse à l'oracle *à travers* elle ; « elle » ne parle pas ; la femme n'a pas de pronom. Elle n'est pas ou n'est que le lieu où ça s'exprime, « Il n'y a de

---

(11) Voir par exemple du premier : *Figures II* et *Figures III* ou du dernier *Story and Discourse : Narrative Structure in Fiction and Films.*

femme qu'exclue par la nature du langage qui est la nature des mots » *(Encore,* 68). Le monde de l' « Introduction à la vie de Mercure » est de ceux dont rendent si bien compte la terminologie lacanienne, grammaire des barres, des lieux, des corps solides, alors qu'on essaierait en vain d'appliquer à ce texte la « Mécanique des Fluides » de Luce Irigaray par exemple.

Certes, le fait qu'un récit comporte une gamme étendue de points de vue, de voix (auteur, narrateur, héros, héroïne, oracle), et de principes sexués (masculin, féminin et neutre) n'a rien d'extraordinaire. Les études narratologiques, celles de Gérard Genette ou Seymour Chatman[12] par exemple nous ont habitués à des textes que l'on peut décomposer presque à l'infini, où l'espace spatial et temporel, où les points de vue des narrateurs sont de plus en plus finement divisés en niveaux distincts. L'économie de la divergence, de la ségrégation des pronoms et des espaces de parole est donc ressentie comme « classique » et pourrait très bien passer inaperçue. Pourtant, ce procédé d'écriture a sans doute une portée idéologique qu'une comparaison avec d'autres systèmes mettrait immédiatement en évidence. A moins bien sûr qu'un espace linguistique où un « je » monopolise l'émission de signes et efface l'interlocuteur ne serve, entre autres, à éliminer d'avance toute concurrence, en excluant du tournoi (littéraire ? textuel ?) les candidats indésirables. Savinio immerge ses lecteurs dans un univers de la séparation, des barrières, et à moins de renoncer à l'histoire, nous ne pouvons remettre en cause l'économie de la divergence. Breton fabrique un texte fait de fragments, passe d'un siècle à un autre, d'une nationalité à une autre, d'un genre à un autre, et que pouvons-nous faire sinon nous résigner à son autorité de sélectionneur ?

Il semble pourtant qu'une autre possibilité s'offre au lecteur, et qu'une stratégie défensive puisse être opposée à ce genre de texte. Pour se soustraire en partie à l'arbitraire univers de la divergence, il suffit peut-être dans un premier temps de reconnaître sa portée idéologique, d'être capable de démonter

---

(12) En réalité, ce n'est pas l'état de sa femme qui fait l'objet de son inquiétude. La formulation de la question révèle que la curiosité du « postulant tragique » est d'un autre ordre (d'un ordre symbolique) : « Je désire connaître... si mon cher Thémistocle, sang et chair du vingt-troisième amant de ma femme adorée, peut encore *prononcer le doux nom* de mère. » (374, je souligne) Le sort de la mère, et peu importe lequel, doit être connu, et ce, pour des raisons non pas affectives mais strictement linguistiques : sinon, le fils, héritier du « je », du langage, ne pourrait pas utiliser au mieux un système qui comporterait une lacune, une incertitude, un manquement à la règle du oui *ou* non.

les mécanismes de sa formation et de son fonctionnement, pour déterminer par la suite et en toute connaissance de cause, quelle marge de liberté nous est laissée.

Si je décide alors de ne pas céder sans conditions, je peux tenter de devenir le « lecteur résistant » dont parle Judith Fetterley[13] et proposer à mon tour un nouvel espace de communication. Cette redéfinition du pôle de la réception défie une autorité traditionnelle et en général invisible, et ce geste risque donc de paraître encore plus arbitraire que le pouvoir auquel nous nous soumettons généralement sans avoir notre mot à dire : ce chapitre-ci est un peu l'équivalent d'une deuxième lettre que Madame de Sade aurait pu écrire en réponse au texte de son mari, à condition précisément que l'*Anthologie* se soit voulue lieu de subversion.

4. *La hyène et la jeune fille*

Alors que dans le texte de Savinio, le lecteur est confronté à des strates de langage et une multiplicité de lieux d'énonciation, dans « La débutante », les différences disparaissent au profit de la similarité. Chaque « actant », chaque présence narrative possède les mêmes attributs : un langage, un corps et un « je » qui peut devenir « vous ». La parole a deux fonctions essentielles, la communication et le plaisir. L'auteur (une femme) laisse le narrateur dire « je » et se doter d'une identité sexuelle dès les premiers mots (« Quand j'étais débutant*e* » 427). Ce « je » raconte l'histoire d'une jeune femme, elle-même, qui est très souvent citée directement (et devient donc un autre « je »). Les trois « je » sont à la fois distincts et fort similaires.

Dans l'histoire, la jeune fille passe tout son temps au zoo pour, dit-elle, « échapper au monde » (427) Et dans ce nouvel espace (dont les habitants, comme chacun sait, ne « parlent » pas), elle rencontre une hyène, qui, comme elle, a un corps, un langage, dit « je », et parle au féminin (Quoique « je » n'affirme pas que ce soit une femelle). Tous les « je » sont tour à tour « je » puis « tu » ou « vous », tous sont féminins, tous

(13) Judith FETTERLEY. *The Resisting Reader : A Feminist Approach to American Fiction* (Bloomington, Indiana University Press ; 1978).

ont un corps et seul le contexte (leur relation avec le texte, avec les autres personnages, le dialogue) permet au lecteur de les identifier, de leur supposer un être[14].

La séparation, les différences de nature entre « êtres », entérinées dans l' « Introduction » par les différences de position, deviennent ici similarité et coexistence à l'intérieur d'un même espace. Il est facile de montrer que le texte de Savinio place côte à côte une série d'éléments dissemblables, en une organisation métonymique, alors que les personnages de « La débutante » privilégient la ressemblance, la similarité, et installent la métaphore comme principe organisateur[15].

Dans l' « Introduction à la vie de Mercure », tous les personnages sont liés les uns aux autres par la *place* qu'ils occupent. Leur identité est fonction de leur position. Toutes les voix existent côte à côte à l'intérieur d'une économie spatiale qui crée une sorte d'arène où la femme est le centre, et où le désir de l'homme peut s'exprimer et être représenté. « Le désir de l'homme est une métonymie » *(Ecrits,* 528).

« La séance, nous dit le narrateur, s'ouvrit comme une fleur » (372). Sans la comparaison, « s'ouvrit » ne serait qu'un équivalent linguistique de « commença ». Ici, au contraire, les pétales s'écartent d'un pistil central. L'organisation préalable de l'espace correspond aux mouvements des participants qui, à ce moment précis « entourent » la femme (« Tout le monde entoura la belle Mme Rana... » 372). Pour que le texte devienne « séance » il faut que la femme soit le centre du cercle de désir et que l'homme qui désire (savoir)[16], le « je », soit à l'extérieur. Le désir, comme le « je », est « ec-centrique ». *(Ecrits,* 690)

Ce « mouvement copernicien » *(Ecrits,* 797) va de pair avec la perception d'un centre comme *vide,* comme manque (traditionnelle représentation de la femme comme trou que la critique féministe récuse). La belle Mme Rana « servait de trou de

---

(14) « Le je n'est pas un être, c'est un supposé à ce qui parle. » *(Encore,* 109)

(15) Il ne s'agit pas ici de faire appel aux systèmes binaires déjà traditionnels qui tentent de définir le paradigme « écriture-masculine-métonymie » et « écriture-féminine-métaphore » pour mieux opposer les deux conceptions. De même que la hyène de la « La débutante » est un féminin sans pour autant être une femelle, de même que dans l'espace de l'écriture sadienne, le lecteur ou la lectrice sont tous deux femmes, et une femme est nécessairement lecteur, les étiquettes de « métaphore » et de « métonymie » ne correspondent en aucun cas à une distinction masculin/féminin, mais à des espaces de lecture différents.

(16) « Celui à qui je suppose le savoir, je l'aime. » *(Encore,* 64)

dégagement aux révélations de l'occulte » (372) Et bien qu' « elle » ne parle pas, elle est effectivement le lieu où ça parle : « et une voix *qui n'était plus la sienne* cria... » (374, je souligne) La représentation relègue la femme là où l'Autre se manifeste, son corps devient l'endroit d'où la « Bouche d'Ombre » révèle ce que « je » ne veux pas (ne peux pas) dire.

Ça parle où « je » ne suis pas, où « je » ne peux pas être. Le corps de la femme est perçu à l'endroit où l'origine obscure du langage se manifeste ; comme Luce Irigaray, nous pouvons nous demander « Si le féminin *a* un inconscient ou s'il *est* l'inconscient. » (*Ce Sexe*, 71)

Visiblement, ce langage qui provient d'un trou sans fond, est redoutable, sinistre, terrifiant. Comme dans tous les mythes où une pythie est consultée, lorsque ça parle, la femme perd le contrôle de son corps. Elle est saisie de convulsions, de « spasmes affreux » (374). Elle est toute entière soumise à des mouvements incœrcibles que la société réprime, que les mondains cherchent à maîtriser, et que l'humour noir se charge de faire réapparaître. L'homme craint ces soubresauts et les juge (donc) disgracieux.

Une nouvelle tradition est pourtant en train de naître qui serait capable de constater que la femme parle de son corps sans porter de jugement défavorable, peut-être même avec une sorte d'orgueil. Il est vrai que nombre de textes ont eu l'occasion de s'accumuler entre l'acte d'écriture de Savinio et la chaleureuse invitation d'Hélène Cixous qui souhaite se mettre à l'écoute de ces convulsions :

> Listen to a woman speak at a public gathering (if she hasn't painfully lost her wind.) She dœsn't « speak », she throws her trembling body forward ; she lets go of herself, she flies ; all of her passes into her voice, an it's with her body that she vitally supports the « logic » of her speech. Her flesh speaks true. (*New French Feminisms*, 251)

Le narrateur de Savinio resterait sans doute sceptique. Pour lui, ces « spasmes affreux » sont sans doute les manifestations incongrues et malsaines d'une sexualité anormale (Il est interdit de laisser le corps s'exprimer en public). Il va sans doute leur trouver un nom de maladie analysable et guérissable (« hystérie » par exemple ?) Et lorsque « l'hystérique » parle, de quel trou mystérieux son inacceptable langage sort-il ? Non pas de sa bouche, comme le font les paroles normales de l'homme, non pas d'un orifice naturel qui pourrait, par analogie, évoquer la mise au monde, la naissance, mais du milieu, du centre géographique de son corps : de son... nombril.

Après la déclaration de Robert Danesi, Mme Rana, s'étant profondément recueillie, ouvrit démesurément son nombril, et d'une voix crémeuse prononça... (374)

L'image de la femme ouvrant et fermant à volonté un nombril sphincter pour laisser sortir quelque chose ressemble au phantasme d'un petit garçon mal informé. L'imaginaire du narrateur en est (resté) au stade où l'on éprouve du plaisir à manipuler (verbalement) des cocktails d'excréments, et son ignorance en matière biologique déteint sur ses créations. Le nombril n'est un « trou » que dans son système de représentation, il ne peut être ni ouvert ni fermé. Il n'a jamais été lieu de passage, mais le souvenir que le corps (celui de la femme mais aussi le sien) est le résultat d'un passage au travers d'un autre corps dont il garde la trace. Le nombril *ressemble* à un trou, et si la/les femme(s) pouvai(en)t parler, elle(s) dirai(en)t : « Je/te ne sommes *ni* ouvertes *ni* fermées » (*Ce Sexe,* 208, je souligne)

Dans « La débutante, » le langage n'est en aucune façon lié à des métaphores spatiales. Il n'est le résultat ni d'une position, ni d'un lieu occupé dans l'espace. L'origine du langage n'est jamais représentée, il n'est pas non plus l'attribut exclusif d'un « je ». Peu importe d'où il vient. Le langage ou plutôt les langages sont./ utilisés pour communiquer.

Certes, la hyène est un « animal », mais elle a un corps et désire communiquer avec la jeune fille. Dans le conte, ces deux éléments constituent les conditions nécessaires et suffisantes à la production, à la présence du langage. La narratrice ne décrit jamais l'instrument linguistique utilisé par les deux personnages, de même que dans la tour de Babel, avant la chute, il était sans doute inutile de préciser *quelle* langue était parlée.) Elle explique que chacune a appris le code de l'autre, et c'est cet effort qui aboutit à une compréhension mutuelle, une communication. (« Je lui appris le français, et en retour, elle m'apprit son langage » 427)[17]

L'instrument linguistique utilisé n'a ici aucune importance. Un Breuer ou un Freud, à l'écoute d'un tel discours, conclueraient sans doute à des troubles du langage. Parions que les phrases qui circulent entre la jeune fille et son amie la hyène ont des chances de ressembler au mélange de plusieurs langues

---

(17) Qui, mieux que Leonora Carrington pouvait être sensibilisé au phénomène de bilinguisme et aux problèmes de communication qui en résultent. (Dans *Obliques,* sa langue est traitée plusieurs fois « d'hybride » par des critiques d'ailleurs sensible au charme d'un tel mélange).

qu'Anna O., cas célèbre d'hystérie récidivante, se mettait à parler lors de ses crises : « Jamais acht nobody bella mio please liebnœh nuit »[18]

Mais le zoo est une Babel heureuse et les mots utilisés importent moins que le résultat obtenu. Le langage est le symptôme d'un désir de communication, il est cet « échange sans commerce » (Ce Sexe, 213) qui au lieu d'établir des catégories rigides, des territoires linguistiques strictement délimités (« origine », « cause », « sujet », ou « place » par exemple) reste à l'état de fluide, de monnaie courante par opposition à un étalon or normatif. Le langage n'est qu'un flot ininterrompu entre deux personnes qui n'éprouvent nul besoin de se différencier, de marquer les limites de leur être, et savent alterner le « je », le « vous » dans le seul but d'y trouver chacune du plaisir : « Nous passâmes ainsi beaucoup d'heures agréables. » (427)

Dans le monde du zoo, loin du cercle métonymique, le « nous » vient remplacer la toute puissance du ça. Les deux « elles » profitent de leurs points communs pour créer une économie de la métaphore où l'ordre de la ressemblance préserve à la fois la différence, l'irréductible (et souhaitable ?) altérité de l'autre, mais aussi la possibilité d'une relation intime qui permet une alternance, un échange. La hyène et la jeune fille sont évidemment deux êtres distincts. Elles sont assez différentes pour prendre un plaisir mutuel à établir un dialogue qui ne soit ni contemplation narcissique d'un reflet de soi-même, ni fusion infantile. Toutes deux partagent le désir d'échanger. Elles échangent des mots et des phrases, elles échangent le « je » et le « vous », c'est-à-dire la possibilité d'être auditeur ou locuteur, le pôle d'émission et le pôle de réception, une activité de lecture ou d'écriture ; toute fonction est ici provisoire, est remplie tour à tour par chaque personnage, et elles sont mêmes prêtes à échanger leur identité sociale, à essayer d'importer le jeu du « à chacun son tour » jusque dans le cercle métonymique : tant qu'elles sont ensemble dans le monde du zoo où règne l'économie de la métaphore, elles sont semblables (ou plutôt, le problème de ressemblance ou de différence n'intéresse personne). Ce n'est que dans l'ordre métonymique qu'un « animal » ne « parle » pas aux « femmes », que l'équation 1 hyène $+$ 1 femme $= ?$ est considérée comme une aberration, parce qu'on n'additionne pas des différences. Lorsqu'on « échappe au monde » (427), une femme plus une hyène sont une paire d'amies.

---

(18) Ann ALWOOD « The Beginning of Psychoanalysis » in The People's Almanac, ed David Wallechinsky et Irwing Wallace (Garden City, New York, Doubleday, 1975) 502.

Au début du conte, la jeune fille voit avec désespoir se préparer une de ces réunions mondaines qu'elle redoute (« ... j'ai toujours détesté les bals, surtout ceux donnés en mon propre honneur. » 427) On conçoit ses craintes si l'on interprète le premier bal comme l'équivalent d'un rite initiatique où la jeune fille devra prendre sa « place », s'installer au centre du cercle et admettre que sa position et sa fonction ne font désormais plus qu'un. Une fois que « X », comme dit Breton, a été mise à sa place, « elle » devient femme, est reconnue, représentée comme telle, et son rôle n'a plus rien de provisoire.

Lorsque la jeune fille, qui hésite à faire ce pas définitif, propose à son amie d'y aller à sa place, la hyène ne trouve pas la proposition totalement irréalisable. Pour le lecteur, une telle substitution semble appartenir au domaine du fantastique, [19] de la farce : rien de plus invraisemblable apparemment que de faire passer un animal pour un être humain. Et pourtant, un tel raisonnement n'a cours que dans l'ordre métonymique où nous, lecteurs, sommes encore. Lorsque la hyène remarque tristement « On ne se ressemble pas *assez* autrement, j'irais bien... » (428), le « assez » n'est pas pour elle une plaisanterie mais une constatation. Les deux amies sont conscientes que lors de la réunion sociale, certaines apparences doivent être respectées. Mais elles savent aussi, et c'est ce qui rend la subversion, la résistance possibles, qu'il suffit de reconstituer ces apparences (au moyen d'un déguisement par exemple) pour pouvoir jouer le rôle de « femme » et donner toute satisfaction. Travestie, la hyène peut fort bien passer pour une femme dans le cercle du désir où l'être n'existe pas, où toute identité est fonction de la place occupée. Comme la belle Mme Rana, fille de batraciens, il lui suffira de cacher sa peau de bête sous un masque conventionnel, et surtout, de se montrer là où on s'attend à la trouver.

Dans « La débutante », le dîner n'est pas décrit par la jeune fille. Comme si elle se refusait ou se sentait incapable de traduire dans sa propre langue ce qui se passe dans l'ordre métonymique, elle cède la parole à sa mère, qui elle, a accepté son rôle et assiste bien entendu au repas. La mère ne fait pas partie du monde du zoo, de la métaphore. Et si elle avait assisté au bal, la jeune fille serait désormais devenue ce lieu d'où « ça » parle, et aurait perdu son « je ». Nous savons cependant ce qui s'est passé au cours du repas : le déguisement

---

(19) « Ainsi, chacun sait que le désir de la femme existe, mais le voir apparaître sans dissimulation donne aussitôt une impression bizarre qui participe de l'essence même du fantastique. » (*Les Parleuses*, 89)

de la hyène a effectivement été efficace, et la substitution n'a pas été immédiatement découverte. L'animal masqué a réussi à occuper la place de la femme, et la supercherie n'a pris fin que lorsqu'elle est elle-même sortie du rôle, à la manière d'un acteur qui sort de l'écran : lorsqu'elle s'est mise à parler en disant « je ». La mère de la jeune fille, incapable de donner de l'événement une version satisfaisante, cherchant une explication à la rupture d'un ordre auquel elle tient, retourne dans la chambre (le lieu où sa « fille » devrait être)

> Nous venions de nous mettre à table [...] lorsque la chose qui était à ta place se lève et crie : « Je sens un peu fort hein ? Eh bien moi, je ne mange pas les gâteaux. » Là-dessus, elle arracha sa figure et la mangea. Un grand saut et elle disparut par la fenêtre. (429)

La femme n'était pas là où elle aurait dû être. Et l'écart physique entre le corps féminin et la place qu'il devrait occuper à un moment donné détruit la possibilité de représentation de l'être, laisse la mère face à un vide et une « chose » qu'elle avait pourtant prise pour sa fille avant que « ça » ne se mette à parler en disant « je ». Ce n'est pas la nature animale de la hyène qui brise les lois de la représentation, mais son usage subversif de la langue. En disant « je », elle ne se trahit pas en tant qu'animal, mais en tant que non-femme, non conforme.

C'est elle qui a pris l'initiative de sortir du rang, de quitter le masque (« d'arracher sa figure » puisque grâce à elle, le figuré a rejoint le littéral). Elle renonce à cet « être » d'emprunt, brise le cercle, et saute par la fenêtre. En guise d'explication, elle accompagne son geste d'une remarque qui a l'air absurde, hors-sujet, déplacée[20], surréaliste en d'autres termes : « Je sens un peu fort hein ? Eh bien moi, je ne mange pas les gâteaux. » L'étrange rapprochement entre deux propositions dont la seconde semble être l'explication de la première (« *Eh bien* moi... ») met en défaut notre propre conception de la logique : de ce qui peut être une cause ou un effet, de ce qui peut venir avant ou après. Ce langage, auquel nous ne nous attendons pas, n'est pas la réponse codée au désir de l'homme. Comme le discours de l'hystérique, il est incompréhensible, et donc accusé d'être inintelligible. La hyène parle comme on rêve, et lorsque le « je » décide enfin de s'exprimer, il attire l'attention sur les *à-côtés* des mots, les *ex-centricités* soigneuse-

---

(20) Et il faut prendre les mots « hors-sujet » et « déplacée » au pied de la lettre lacanienne.

ment censurées et rejetées loin de la circonférence du cercle du désir.

Lorsque l'animal jette le masque, il force les auditeurs à prendre conscience de ce qu'ils ne voulaient pas entendre, de ce qu'ils ne voulaient pas sentir. La hyène sort du cercle au moment où elle introduit le corps dans son langage, quand elle dévoile l'insupportable odeur de l'animal, indice redoutable d'une force impossible à maîtriser. Comme la femme, en femme, l'animal sent. Elle répand l' « odor di femina » que Jane Gallop analyse comme la réapparition inquiétante du sexe féminin dans la chaîne signifiante.

> The « odor di femina » becomes odious, nauseous, because it threatens to undo the achievements of repression, sublimation, threatens to return the subject to the powerlessness, intensity and anxiety of an immediate, unmediated connection with the body of the mother.[21]

Lorsque la hyène cesse de trouver du plaisir à la réunion mondaine, lorsque son appétit est comblé, elle refuse de rester plus longtemps le *pré-texte* qui donne au discours de l'homme une raison d'être. Pour elle, occuper un lieu dans l'espace n'a rien d'une fonction définitive, « sa » position est instable, provisoire, dépendante de son bon-vouloir, et son départ subversif est en soi un commentaire : les tentatives de l'homme pour maintenir la femme « à sa place » sont à double-tranchant, car si la féminité est un lieu plutôt qu'une nature, il sera toujours possible de sauter par la fenêtre, de sortir des cadres.

Dans les deux contes, « l'odor di femina » produit le même effet sur les autres membres du groupe. Dans « La débutante », pendant que la jeune fille est occupée à déguiser la hyène, sa mère fait irruption dans la pièce, et l'animal n'a que le temps de se cacher (sous le lit...) La mère n'a rien *vu* d'extraordinaire, mais remarque (et croit identifier) immédiatement la forte odeur qui règne dans la chambre. Elle n'hésite pas une minute à voir que sa fille est l'origine de cette révoltante « odor di femina ». Sa réaction est répressive : il faut laver, purifier le corps de la femme et remplacer l'odeur par le masque olfactif, le parfum.

Il y a une mauvaise odeur dans ta chambre, dit ma mère en

---

(21) « Of Phallic Proportions : Lacanian Conceit » (*The Daughter's Seduction,* 27). Dans cet article, Jane Gallop emprunte l'expression à Michèle Montrelay (voir son compte rendu de *Female Sexuality : New Psychoanalytic Views*) ; Lacan fait une autre analyse de l' « odor di femina » dans le « Séminaire sur la lettre volée » (46).

ouvrant la fenêtre, avant ce soir tu prendras un bain parfumé avec *mes* nouveaux sels. (428, je souligne)

Dans « Introduction à la vie de Mercure » le rapprochement entre « odor di femina » et animalité provoque exactement les mêmes réactions : lorsque la composante animale se fait trop évidente, l'homme ne peut plus se leurrer, et se voit obligé de la reconnaître. Or, cette confrontation avec ce qui est en général refoulé est pour lui une expérience déplaisante et lourde de menaces. Il semble que Dorothy Dinnerstein ait vu juste lorsqu'elle affirme que les hommes n'acceptent pas que les femmes (réelles, et non leurs constructions mythiques) soient des sirènes, et n'ont pas l'intention d'envisager l'idée qu'ils sont eux-mêmes des minotaures. [22]

Dans ce conte, Rana est mi-être-humain, mi-grenouille. Avant le dîner, lorsqu'un personnage masculin s'approche de la maîtresse de maison, il suppose d'abord que sa délicate peau verte est une splendide robe du soir « qui lui sied à merveille ». (371) Comme le masque de la hyène, le vêtement est un « leurre » (comme le constate lui-même l'homme), il sert à cacher l'intolérable nudité et transforme l'animal en être social acceptable. Mais lorsque le personnage est suffisamment proche de la femme pour toucher la robe verte (qui est donc en réalité un corps), lorsqu'il s'est suffisamment approché pour que son odeur lui devienne perceptible, il découvre que ce qu'il prenait pour un ornement, une couverture, est indissociable de la femme elle-même. Le masque colle à la peau, le masque est peau, et l'admiration visuelle de l'homme se transforme instantanément en dégoût.

> Dégoûté par ce nouveau témoignage de l'instabilité du caractère humain, le consul s'assit dans un coin et, ayant croisé les jambes, il commença à caresser d'une main affectueuse le bout de sa queue qui dépassait du pantalon métallique. (372)

---

(22) Voir le sixième chapitre de *The Mermaid and the Minotaur* : « Sometimes you wonder if they are human » (91-114).

A propos de la différence entre femme réelle et construction mythique, dans *Les Voleuses de langue,* Claudine Hermann rapporte une anecdote amusante : l'héroïne de l'*Amour Fou,* danseuse aquatique, fascinante femme-poisson, s'est révélée insupportable au quotidien parce qu'elle gardait apparemment certains traits du poisson. Breton, interrogé par André Thirion dans *Révolutionnaires sans révolution,* explique que la vie dans une chambre d'hôtel devient impossible lorsque « l'autre ne ferme jamais les robinets » (*Les Voleuses,* 59)

Visiblement, l'homme éprouve de la répulsion pour la peau de grenouille de la belle Mme Rana (qu'il analyse correctement comme une instabilité du caractère « humain » et non pas « féminin ») mais ne se rend pas compte qu'il est lui-même pourvu d'attributs pour le moins ambivalents. Faisant à son habitude deux poids deux mesures, il n'a pas l'air de craindre que la queue qui dépasse de son pantalon, et qu'il caresse avec un plaisir évident, ne le trahisse. L'animal qui est en lui ne le dégoûte pas, bien au contraire. Dans ce monde surréaliste, il a le droit de satisfaire librement ses instincts, mais le texte se contente ici d'instaurer de nouvelles règles de conduite et non un espace de transgression généralisée : le code, les valeurs sociales ne disparaissent pas complètement, mais l'étiquette farfelue qui nous est proposée est mise au service des phantasmes des personnages masculins dont la sexualité devient soudain acceptable en société. L'homme a désormais le droit de flatter sa queue en public. Que la langue se serve du même mot pour désigner l'attribut animal et le pénis n'a bien sûr rien d'étonnant : l'ambiguïté toujours possible rend normale, « naturelle », la présence de l'animal chez l'homme. Cela va sans dire, sans en dire plus. L'homme est un homme s'il est pourvu d'une « queue », c'est-à-dire d'un attribut qu'il partage avec la gent animale.

Chez la femme, non seulement un organe mais le corps tout entier reste proche du règne animal, et de nouveau, cette différence est exploitée pour bâtir des systèmes d'opposition et porter des jugements de valeur : dégoût pour la peau verte qui refuse de se cacher, que l'on prend pour ce qu'elle n'est pas parce que la réalité est intolérable, admiration narcissique pour une « queue » qui « dépasse » sans que son propriétaire ne cherche le moins du monde à voiler ce signifiant privilégié.

La « valeur » qui sous-tend et autorise toute position d'un sujet vis-à-vis du langage est une des questions essentielles que le rapprochement des deux contes met en évidence. Dans un des textes, l'économie de la différence, de la métonymie impose aux personnages, au narrateur, au récit lui-même, de mettre l'accent sur les divergences, les séparations, les barrières. Dans l'autre texte, un idéal de communication lance des ponts entre des éléments qui perdent leur qualité d'êtres clos et isolés, et sert à instaurer une économie de la réciprocité, de l'alternance, du « chacun son tour ». D'un côté, la solidité d'un univers cloisonné, de l'autre, la fluidité des mouvements de va-et-vient où la définition des mots, des concepts et des êtres perd de son utilité ; la stabilité dans le temps des lieux et des fonctions, le règne du définitif s'opposent aux passages, aux positions transitoires, au mélange de l'intérieur et de l'extérieur.

Dans le conte de Savinio, tous les éléments que l'analyse perçoit sont non seulement facilement isolables mais uniques en leur genre. Chaque « être » parlant tire son identité de la place qu'il occupe par rapport au cercle métonymique où le désir se représente. Nous sommes au royaume de l'unité, du UN. Au contraire, dans « La débutante », tous les personnages/(sont)/féminins/se ressemblent. Tous les « je » sont féminins, ils créent un espace où le Tout n'est pas valorisé, où toutes ont leur mot à dire chacune à son tour, où toutes les situations sont provisoires. Le langage est ici dialogue et la recherche du plaisir passe avant la définition de l'identité des protagonistes.

Si ce contraste paraît désormais évident, si une lecture simultanée des deux extraits a fait ressortir la portée idéologique de certaines techniques narratives, devons-nous cependant laisser cette opposition devenir le pivot de notre lecture ? Il est bien entendu tentant d'en rester à ce stade de l'analyse pour tirer des conclusions. L'on pourrait avancer par exemple que les deux économies correspondent à des systèmes d'écriture sexuées, même si l'on se garde de trancher en faveur de l'un des systèmes, et de transformer la description en polémique. Le texte de Savinio comporterait certains éléments stéréotypés d'une écriture « phallologocentrique » alors que celui de Carrington se rapprocherait de l'idéal d'écriture féminine proposé par Hélène Cixoux (« Le rire de la Méduse ») ou Luce Irigaray (*Ce Sexe)*. Mais ceci serait en soi une prise de position, et reviendrait à accepter qu'il est effectivement possible de séparer strictement ordre métaphorique et ordre métonymique, d'admettre que les deux mondes sont définitivement irréconciliables (et donc de faire alliance sans le vouloir, avec le monde métonymique).

Dans le premier conte, le lecteur est lui aussi emprisonné dans un système cloisonné. C'est un des éléments isolés, aliénés, de l'expérience textuelle, un des sujets clivés. Au contraire, dans « La débutante », le lecteur va vraisemblablement être inclu dans la chaîne souple des « je » qui se parlent et se disent « vous », qui se ressemblent et s'assemblent. A son tour, il aura son mot à dire. Les deux textes semblent donc proposer une façon de lire qui reflète leur propre structure idéologique, chacun nous invitant à nous rallier à leur système. Mais est-il vraiment indispensable de supposer que la différence qui a été à l'origine de la fabrication de deux univers textuels opposés se retrouve lorsqu'on passe à l'activité de la réception ? A supposer même que la cause de la divergence soit de nature strictement sexuelle, qu'une écriture « masculine » soit effectivement distincte d'une écriture « féminine », est-ce l'affaire du lecteur ?

Est-il préférable de rentrer dans la catégorie « masculin » pour comprendre le conte de Savinio ou d'être « femme » pour apprécier « La débutante » ?

Proposons au contraire une autre façon de réagir, une autre façon de « lire la différence » qui tienne compte de la divergence sans pour autant l'ériger en système ou en économie textuelle. Si chaque lecteur parvient à combiner métonymie et métaphore : à accepter *au même moment* que pour « être » « homme » ou « femme » il faut occuper un lieu X ou Y dans un espace signifiant mais aussi que ces positions sont arbitraires, temporaires et susceptibles de modifications, il/elle pourra alors décider de son plein gré quelle place il/elle entend prendre face à l'écriture. « Il » pourra se permettre par exemple d'être le seul « je » en train de lire, et se limiter à une activité à sens unique qui reçoit un message et une identité du texte. Paradoxalement, dans le cas de la lettre de Sade, son rôle sera alors de se laisser féminiser sans résister, sans tenter d'échapper au pouvoir, à l'entreprise de domination inscrite dans le texte. « Elle » pourra tout aussi bien opter soudain pour une lecture-dialoguée qui se sait le droit de répondre et de refuser le monopole, qui n'hésite pas, pour passer « beaucoup d'heures agréables », à transformer le « je » en « tu ».

CONCLUSION : FAIM

> Certains le prendront dans leur bouche, pour connaître le goût, parfois pour rejeter aussitôt avec une grimace, ou pour mordre, ou pour avaler, pour concevoir même, je veux dire de l'enfant.
>
> DERRIDA.

L'*Anthologie de l'humour noir* ne nous laissera pas facilement choisir notre point de vue, l'endroit d'où nous voudrions lire. Ce texte est autoritaire et particulièrement habile à forcer l'attention, à imposer, grâce à sa structure, une grille de lecture à laquelle il est difficile d'échapper. Prendre conscience de notre position par rapport au texte implique une distance qui est en général l'apanage du seul critique. Et il n'est même pas prouvé que la découverte du modèle de lecture que l'*Anthologie* impose, libère tout à fait le lecteur de l'influence du cadre et des dangers de mimétisme qu'il comporte.

Une analyse de la forme du texte nous a amené, au cours des deux premiers chapitres, à constater que ce recueil d'extraits a tendance à se démembrer devant un lecteur fasciné, à seule fin de mieux le rendre complice de cette activité sadique. Pour découvrir les secrets de la texture de l'*Anthologie,* il a cependant fallu analyser la structure de très près, presque la réécrire, ce qui a forcé le critique à se mettre lui-même dans la position de la silhouette décapitée de la photo de Man Ray en dépit de son intention bien arrêtée de ne pas se laisser séduire par le spectacle offert par la fenêtre, mais d'étudier le cadre lui-même, la forme de l'ouverture qui nous offre une portion du monde à contempler. La tentation de s'éloigner du texte, du cadre lumineux correspond à un besoin de se mettre à l'abri, de se protéger du mimétisme forcé que l'humour noir fait subir à ses lecteurs. Mais cette retraite nous force alors à nous exclure d'un espace de lecture et de communication, à refuser le contact et peut-être le plaisir douloureux que lui promettaient les extraits. Le lecteur de l'humour noir se trouve devant un dilemme : quel poste d'observation peut-il ou veut-il choisir ? A moins que la découverte de l'existence des deux points de vue possibles puisse devenir source de connaissance et aider le lecteur à décrire de l'extérieur le système de communication sur lequel repose l'humour noir (à defaut d'y participer). Ce texte qui se détruit, qui s'abîme et nous force à nous abîmer dans sa contemplation est un cadavre, mais un cadavre surréaliste, un cadavre... exquis. Les rapprochements de réalités inconciliables, d'extraits virulents et d'introductions placides, de définitions arbitraires suivies d'interdictions de définir, tous ces démembrements de personnages, de passages littéraires, peuvent se lire comme une nouvelle expérience d'écriture qui renouvellerait les efforts plus ou moins avortés grâce auxquels les surréalistes et Breton lui-même espérait attirer l'inconscient dans le texte. Mais cette volonté de faire réapparaître le réprimé semble avoir pour conséquence (ou peut-être pour désir originel) de saper les structures qui d'habitude fondent le sujet parlant et permettent les formes traditionnelles de communication. Ces expériences érigent en principe une esthétique du trou béant, de la destruction des liens qui n'autorise aucune des grilles de lecture connues, qui ne laisse pas le lecteur se constituer en être indépendant et autonome par rapport à son objet d'intérêt.

1. *L'humour noir comme demande d'allégeance*

L'*Anthologie, Le Poisson soluble,* mais aussi les exemples de *Cadavres Exquis* systématiquement produits par les poètes du groupe ont en commun cette structure de piège qui tâche à la fois de priver le destinataire de son statut d'autre, autonome, différent et libre tout en le forçant à lire pour ne pas perdre son attention ; ces textes exigent de la part du lecteur, une preuve d'approbation, de reconnaissance, d'amour. L'humour noir ne tolère le spectateur que dans la mesure où il lui fournit le plaisir de le peindre en noir, de lui faire porter ses couleurs. Lorsqu'on prend conscience de cette intolérance, l'on comprend peut-être mieux que Jean-Paul Sartre, généreusement attaché à préserver la liberté de ses lecteurs ait toujours intuitivement refusé le surréalisme dans son ensemble et accusé ses membres d'infantilisme[1]. Or, l'*Anthologie de l'humour noir* pousse à l'extrême cette sorte de demande d'allégeance qui force le lecteur à accepter ou à s'éloigner, à approuver ou à s'exclure. Le système de communication mis en place de façon autoritaire par l'Anthologie fait régresser la complexité de la triade destinateur-message-destinataire à un espace indéfini où tous les pôles confondus sont devenus identiques, copies conformes qui s'autorisent mutuellement. L'*Anthologie* force le spectateur à un état de fusion, elle exige qu'on rit de ce qu'elle trouve drôle, elle réclame un vote de confiance, une soumission sans condition.

La pratique de l'humour noir est une demande d'allégeance qui remet en question ce que nous croyons être une connaissance objective absolue de certains concepts préexistants : l'humour noir dérange notre perception de ce qu'est « l'humour » et notamment des rapports qu'il entretient (nécessairement pensions-nous) avec le comique. Lorsqu'un lecteur se trouve en présence de cette forme de pseudo-message qu'est l'humour noir, il est forcé de faire appel à des catégories prédéfinies pour tenter d'interpréter et de réagir au mieux à un texte difficile. S'il n'est pas nécessaire d'être capable de formuler une définition étroite de l'humour noir pour en reconnaître la présence, c'est sans doute parce que les effets de lecture dont ils s'accompagnent sont d'une puissance presque unique qui exige beaucoup de la docilité du destinataire.

Prenons l'exemple désormais classique de la « Modeste Proposition » de Swift :

> Un jeune Américain de ma connaissance, homme très entendu, m'a certifié à Londres qu'un jeune enfant bien sain, bien nourri, est, à l'âge d'un an, un aliment très nourrissant et très sain, bouilli, rôti à l'étuvée ou au four, et je ne mets pas en doute qu'il puisse également servir en ragoût (*Anthologie*, 29).

Devant un tel passage, l'acte de lecture passe nécessairement par la prise de conscience que le texte se présente comme comique, vise à provoquer une certaine forme d'amusement. Face au

---

(1) Voir la note 6 du chapitre « Situation de l'écrivain en 1947 » (360-370) dans *Qu'est-ce que la littérature ?*

sérieux du style, à la précision fastidieuse de la documentation, l'analyse presque clinique des détails alimentaires, l'intérêt comique s'impose comme en dépit du lecteur, se déduit presque par élimination, comme une conclusion inévitable à laquelle on aboutit malgré les réticences. Si le but n'est pas d'amuser, le passage perd sa force et sa valeur de provocation. Il garde son sens, ne devient pas absurde mais plutôt inintéressant, un peu plat, il perd sa raison de vivre et son énergie.

Or, une fois reconnue la présence du comique comme élément constitutif du passage, un problème de légitimité se pose et le lecteur se trouve pris dans une logique impossible qui lui demande de répondre à deux élans contradictoires. Il lui faut réagir à une situation qui lui est présentée comme comique. Comme le spectateur d'une comédie de Molière ou d'un show télévisé américain diffusé sur fond de rire préfabriqué, comme l'invité à qui on va raconter une « histoire drôle », il sait qu'à un moment donné, on attendra de lui qu'il manifeste sa compréhension en riant. A ce premier niveau toute tentative humoristique est donc une demande d'approbation de l'acteur face au spectateur qui doit juger si la performance était effectivement drôle. Dans le cas de l'humour classique, il y a cependant peu de chance que les deux partis en présence ne finissent pas par tomber d'accord sur la réaction « correcte » car les lois qui régissent le comique leur sont extérieures et relèvent du social. Au théâtre, chaque membre du public est soumis à un exercice d'identification sanctionné par le rire de masse qu'engendre le groupe dans son ensemble. L'appartenance à une communauté culturelle suppose et exige une reconnaissance de ce qui est comique et de la réaction qui doit s'ensuivre. Si un individu se signale en refusant de participer à la gaîté du groupe, il perd son statut de public, et détourne sur sa personne l'attention que le groupe consacrait au spectacle comique. Celui qui ne rit pas devient presque immédiatement la cible des quolibets, comme s'il avait aboli la performance précédente et devenait à son tour le clou de la représentation[2] Il prend la place de la mani

---

(2) Ceci exliquerait l'existence de l'humoriste sérieux qui ne peut se permettre de rire de peur de perdre sa place d'objet de ridicule en face de ses spectateurs et peut être rapproché du paradoxe du comédien de Diderot. Cette attitude s'oppose au grand débat qui avait occupé les théoriciens du xvii siècle sur la différence qu'il convient de faire entre l'humour que l'on a et l'humour que l'on fait : la distinction n'est pas sans rapport avec le problème de demande d'allégeance posée par l'humour noir. Au xviie siècle, où l'humoriste est censé connaître le code de l'humour et de ce qui est reconnu comme comique par la communauté qui interprète, sa performance doit être facilement identifiable. S'il est obligé de rire lui-même pour provoquer l'hilarité

festation qui accaparait jusqu'alors l'attention des spectateurs et se trouve brutalement investi du rôle de victime, il devient différent, il devient l'étranger.

Le processus qui consiste à isoler soudain du reste du groupe un individu que jusque-là rien ne signalait correspond exactement à l'apparition du bouc-émissaire selon René Girard[3]. La victime rituelle par excellence ne se distingue en rien de la masse jusqu'au moment où elle est choisie pour incarner le tabou de la différence. L'absence d'une réaction codée face à une situation comique (rire, sourire, geste ou mimique de compréhension selon les cas), qu'elle soit due à une ignorance de ce qui est perçu comme comique par la communauté ou un refus conscient de céder à la pression, est un tabou puissant qui aliène l'individu tout aussi sûrement que la trangression de règles sociales. Le rire comme effet de lecture, comme marque d'interprétation est le plus souvent obligatoire, et se soustraire à la règle revient à se mettre hors-jeu, hors-sujet, à se transformer soi-même en spectacle émissaire.

La rigueur d'un tel rituel demande, de la part des participants, une subtilité de perception acquise par une longue expérience de ce qui est arbitrairement codé comme comique à l'intérieur d'un contexte linguistique donné. Autrement dit, il y a une intertextualité du rire qui reproduit, de situation en situation, l'analyse de données que la mémoire collective sait reconnaître et classer[4]. La

---

dans la salle, c'est qu'il n'a pas réussi à s'adresser aux références comiques collectives et qu'il doit, comme l'humoriste noir, demander à ses spectateurs une confiance aveugle : « Si je ris c'est que c'est drôle ». Mais cette stratégie de secours est la marque d'un échec par rapport à une lecture du comique qui se voudrait universelle parce que partagée par un groupe détenteur des mêmes valeurs. (Voir à ce sujet l'article d'Addison paru dans le numéro 35 de The Spectator, avril 1711, auquel l'essai de Roger Escarpit fait référence, pages 2 et suivantes).

(3) Dans La Violence et le Sacré, René Girard insiste sur le caractère double et contradictoire de la victime d'un rituel qui doit à la fois faire partie de la communauté mais, à un moment donné, être déclarée différente et donc tabou, pour que la violence qui s'exerce à son endroit puisse être bénéfique au groupe tout entier (Voir le troisième chapitre, « Œdipe et la victime émissaire » 104-134 et Le bouc émissaire).

(4) Farces, comédies, plaisanteries, films comiques, histoires drôles pourraient sans doute faire l'objet d'une analyse similaire à celle que Propp fait des contes de fées populaires. L'hypothèse de travail serait que les grands textes comiques reposent sur l'existence d'un nombre limité de fonctions mettant en scène des types de personnages fixes : le valet battant son maître et tous les équivalents des Fourberies de Scapin, le maladroit dévoilant ses plans à ses ennemis comme dans Les noces de Figaro ou L'Ecole des femmes, la fiancée abusée par la ressemblance entre jumeaux dans les comédies de Shakespeare ou de Courteline, en général le renversement d'une position de pouvoir par les procédés

finesse avec laquelle un individu analyse les données potentiellement comiques et réagit en conséquence donne la mesure de
son adaptation.

Si l'humour noir bouleverse cet équilibre, c'est parce qu'il
modifie les règles du jeu, dissocie humour et comique, ou plutôt rire et comique, il met en contradiction deux exigences jusqu'alors simultanées. Face au texte de Swift, la compétence
classique du lecteur lui signale que ceci n'est pas comique ou
du moins que le thème ne fait pas partie du répertoire autorisé
par la comédie. Son habitude de décodeur lui fait rechercher
dans le texte des signes qui devraient provoquer chez lui pitié,
compassion, ou indignation. Or, au niveau rhétorique, il trouve
un refus de prendre le sujet au sérieux, une ironie non déguisée, une mauvaise foi mise en relief par une prétendue innocence... des procédés qui l'avertissent de la réaction qu'il est
censé donner au texte. Le voilà donc confronté à une situation
qui lui demande de faire abstraction d'au moins une de ses
aptitudes ; doit-il renoncer à sa capacité de reconnaître ce qui
est comique ou refuser de répondre à la demande qui lui est
faite de rire ? Il sait que l'erreur, dans les deux cas, le rend
passible d'exclusion, va attirer sur lui la violence du groupe.
Mais à cause de la contradiction interne de l'humour noir, sa
réaction ne peut plus être tout à fait « correcte » et ne peut
plus dépendre de son degré d'adaptation. Il se voit soudain
obligé de dire oui ou non à un texte, de refuser ou d'accepter
sans pouvoir justifier objectivement son attitude. Car la règle
qui lui dictait sa conduite s'est dédoublée. La Loi du rire est
devenue pour lui un choix dangereux et toujours à moitié illégitime. Devant le texte de Swift, devant les histoires de type
« Marie la Sanglante », le destinataire est réduit à ne tenir
compte que de la moitié de sa compétence. Soit il refuse de
considérer la situation comme humoristique et récuse le droit
du texte à dicter la lecture : « Ceci n'est pas drôle », décide-t-il.
Dans ce cas, il s'exclut de la communauté qui vient de se créer
en se ralliant à cette nouvelle catégorie de « comique », il dit
non et refuse de faire allégeance, de donner sa caution. Il peut
au contraire choisir d'ignorer l'éducation intertextuelle qui
l'avertit que le sujet choisi est une provocation, peut-être un

---

mêmes qui créaient l'oppression. Dans *Anatomy of Criticism*, Northrop Frye
propose une classification des personnages comiques qui pourrait servir de
base à une telle grammaire de la comédie : il serait intéressant de grouper les
archétypes qu'il isole (l'alazon, ou imposteur, l'eiron ou celui qui se moque de
lui-même, le bolomochos ou bouffon) en paires ou trios dynamiques et complémentaires pour obtenir un organigramme opératoire. (Frye, 170-71)

test, qui en aucun cas ne mérite l'étiquette « comique ». Il fait dans ce cas confiance à l'autre aspect de sa compétence, à sa faculté de choisir la bonne réaction, c'est-à-dire celle que le groupe attend de lui, et il décide de donner son accord au texte sans se soucier de sa légitimité. Il devient complice, il fait acte de fidélité face à un message qui le met au défi de rire, qu'il en ait ou non envie.

L'humour noir nous met tous dans la situation de l'Ecossais qui riait trois fois après avoir entendu raconter une histoire drôle : une fois en l'entendant, une fois en la racontant, et une fois lorsqu'il la comprenait. Le rire paradoxal et parfois réticent que provoque l'*Anthologie* est de la même nature que les deux premières réactions de l'Ecossais (si l'on pousse le raisonnement à l'extrême, ces réactions n'ont rien à voir avec la perception d'une situation comique). Un texte qui transgresse tous les tabous de la comédie demande à être inconditionnellement accepté et reconnu comme humoristique, il défie le lecteur de ne pas obéir, de ne pas réagir comme on le lui suggère.

L'extrait des *Papiers posthumes* de Jacques Rigaut constitue sans doute avec les pages de Swift l'un des meilleurs exemples de cette demande d'acceptation et de complicité car le narrateur de ces textes insensés excelle à ce genre de provocation. Si l'on cite certains passages hors contexte, le défi comique peut très bien passer totalement inaperçu tant il est arbitraire et artificiel.

> ... enfant je tirais la langue aux pauvresses qui dans la rue abordaient ma mère pour lui demander l'aumône, et je pinçais, en cachette, leurs marmots qui pleuraient de froid ; quand mon bon père, mourant, prétendit me confier ses derniers désirs et m'appela près de son lit, j'empoignai la servante en chantant : *Tes parents faut les balancer, — Tu verras comme on va s'aimer...* Chaque fois que j'ai pu trahir la confiance d'un ami, je crois n'y avoir pas manqué. (*Anthologie,* 398)

L'exagération seule ne permet pas ici de déterminer si le narrateur repentant a décidé de nous livrer les « confessions » d'un Rousseau à peine un peu plus imaginatif que le vrai. Mais comme Rigaut participe au tournoi noir, nous savons que nous devons rire parce que le texte le veut ainsi. Le narrateur défie son public de le rejeter, de ne pas trouver son histoire drôle, et à l'issue de la lecture, un des partenaires, destinateur ou destinataire, aura pris une position de pouvoir. Que le lecteur choisisse de faire confiance à une référence traditionnelle, et il tournera le dos à ce texte-échec que sa compétence ne lui permet pas d'apprécier sans tiraillement interne. S'il est séduit par la nouveauté marginale et révolutionnaire de l'humour noir, il accepte la pénible contradiction qui menace l'intégrité de son jugement et se soumet inconditionnellement au plaisir ambigu que lui promet ce texte tyrannique. Il abandonne une référence extérieure dictée par un sur-moi textuel et entre dans l'ordre irrationnel de la demande d'amour.

2. Un modèle pré-œdipien

La demande d'amour qui est à l'œuvre dans l'*Anthologie de l'humour noir* peut être envisagée comme une grille de lecture, mais elle peut aussi servir d'hypothèse de travail pour l'élaboration d'une théorie de la fabrication d'un tel instrument de communication : à en juger par les obsessions et les craintes révélées par le caractère autoritaire et dominateur de l'*Anthologie,* on peut suggérer que le modèle de ce texte est en quelque sorte pré-œdipien. Si l'on se réfère aux scénarios lacaniens, ceci implique un espace antérieur à l'acquisition du langage, un espace où le symbolique en tant que nom du père n'a pas encore fait son apparition et où règne donc l'ordre de la demande, inépuisable, insatisfaite, toujours renouvelée.[5] Il peut certes paraître paradoxal d'imaginer l'existence d'un langage qui se situerait avant le stade où l'apparition du symbolique vient précisément résoudre le complexe d'Œdipe, mais nous avons vu que l'humour noir, tel qu'il s'inscrit dans l'*Anthologie tire sa puissance de ce jeu constant avec l'origine du dire, du*

---

(6) Voir les *Ecrits* de Lacan, essentiellement sa distinction entre l'ordre de la demande, du besoin et du désir. On retiendra de ses définitions que le désir se distingue de la demande toujours incomblée, qui va bien au delà de la satisfaction des besoins « réels » du nourrisson par exemple. Le désir est le reste, la différence (de potentiel) qui crée une relation dynamique entre les deux pôles. La demande, qui est toujours demande d'amour partage avec l'humour noir la non-reconnaissance de l'autre comme être séparé et autonome, l'espoir non-formulé, pré-linguistique d'une fusion idéale et éternelle avec la figure maternelle. Une relation exclusive et parfaite avec la mère, rendrait le langage inutile et impossible dans la mesure où il n'y aurait pas de tiers (exclu), de distinction entre destinateur, destinataire et message. On peut donc considérer que l'humour noir tâche aussi de nier l'arrivée du père sur une scène que le langage menace de structurer par rapport à un inconscient réprimé (« L'instance de la Lettre dans la formation de l'inconscient » dans *Ecrits I,* 247-89, et « La Signification du Phallus » dans *Ecrits II,* 103-115).

rire, de l'exprimé, de cette remise en question systématique de ce que parler veut dire, peut dire ou échoue à dire. Le texte de l'*Anthologie de l'humour noir* existe, il est manifestation linguistique qui obéit la plupart du temps aux règles syntaxiques et sémantiques traditionnelles[6] et pourtant, il n'est pas purement d'ordre symbolique. Il touche par bien des points à un registre que les hypothèses de la théorie situent en-dehors, en deçà, dans un avant du langage[7]. Il vaut sans doute mieux éviter dans ce cas la notion d'un « langage » d'avant le langage, qui se voudrait toujours en vain pré-linguistique, et lui substituer une réflexion sur les systèmes de communication mis en œuvre par l'humour noir. Le texte de Breton est en quelque sorte la représentation, le simulacre textuel de ce que serait un message pré-œdipien, si justement il était possible qu'un tel message s'écrive. L'accès au langage étant toujours une perte d'innocence irrémédiable, les tentatives pour revenir en un en deça idyllique et libérateur sont toujours prises au piège des mots qui barrent la route de l'inconscient et tous les efforts conscients que les surréalistes ont faits pour dépasser la contradiction forment sans doute l'histoire de l'échec de l'écriture automatique.[8]

Si le texte de l'*Anthologie* fournit au critique une intéressante possibilité de dépasser ce paradoxe, c'est parce que le schéma qui se manifeste est inscrit dans ce qu'on pourrait appeler le modèle inconscient du texte. La création de Breton aboutit à l'existence d'un texte, qui n'est et ne peut être qu'une représentation, un modèle de ce qu'était, de ce que serait la relation pré-œdipienne, mais le fait de contenir la structure

---

(6) Les quelques exceptions sont les textes où s'exprime plus nettement la névrose égocentrique d'un sujet parlant occupé à retrouver une fusion impossible. Parfois, le langage est occupé à se réingurgiter lui-même et cette forme d'écriture n'est qu'une des techniques qui installent ce phénomène surdéterminé dans l'*Anthologie* : la composition du texte, sa structure, les contes fantastiques de Savinio ou de Carrington qui détruisent l'illusion d'un référent réaliste et créent des contextes favorables à une utilisation subversive des mots, et parfois une destruction de la syntaxe, de la nature du langage.

(7) Voir le premier chapitre de *Révolution du langage poétique* de Kristeva, « Sémiotique et Symbolique » (17-100).

(8) Breton n'a pas hésité à déclarer à plusieurs reprises que l'histoire de l'écriture automatique a été un échec. Dans *Le surréalisme et le roman,* Michèle Chenieux note cependant que la position des surréalistes sur le sujet de l'écriture automatique a évolué au cours des années. D'après elle, au début, « Ce qui est recherché à travers l'écriture automatique, c'est ce qui " fait sens " malgré la conscience du scripteur » (117-118) puis c'est le non-sens qui devient source d'intérêt comme si le subconscient apprivoisé et décodé ne suffisait plus à satisfaire la curiosité des membres du groupe.

copiée et parfois parodique d'un tel système de communication suffit à ranger l'humour noir dans une catégorie à part, à le mettre à l'index, à l'écart de la norme, à le faire ressentir comme un échange à haut risque, souvent interdit ou tabou.

La présence du pré-œdipien se manifeste à deux niveaux dans l'*Anthologie de l'humour noir* : au niveau de la structure du texte et au niveau des effets de réception produits par l'humour. Le modèle de communication reproduit le couple initial et exclusif de la mère et de l'enfant que le langage n'a pas encore transformé en triangle : si le texte est le simulacre du corps de l'enfant tel qu'il se perçoit avant le stade du miroir, le destinataire de l'humour noir se trouve mis à la place de la mère à la fois toute puissante et dont on veut récupérer et utiliser le pouvoir énorme. Le texte fragmenté, hâché de découpes et de morceaux rapportés ressemble au corps morcelé d'avant la découverte de la totalité spéculaire. Ce corps se perçoit comme un ensemble dont la cohérence n'est pas intérieure, qui ne fait l'expérience d'une forme d'unité que par l'intermédiaire du message, de la demande qui émane de lui. L'humour noir est l'effet obtenu par cette série de textes agglutinés les uns aux autres plus que le résultat d'un rapport, logique ou non, des textes entre eux. Les extraits sont des fragments ignorants du lien qui les unissent aux autres, ils ne se savent pas organes d'un même corps, et ne se constituent en unité que grâce aux regards du tiers, à la lecture qui se fait volontiers et arbitrairement totalisatrice. Mais l'*Anthologie* ne s'est pas encore aperçue dans le miroir et l'une des caractéristiques les plus visibles du texte vient confirmer cette intuition : le corps textuel de l'*Anthologie* en est bel et bien au stade de la perversion polymorphe si l'on en juge par la forme que prennent ses obsessions les plus violentes.

Sadisme et masochisme se doublent ici d'une fixation orale et d'une préoccupation extrême pour les secrétions du corps, que l'on retrouve sous forme de thème dans un nombre important d'extraits, dans la composition et même le traitement du langage. Si la structure générale privilégie la mise en morceaux, le démembrement et la mort par arrachage, les réseaux sémantiques forment des zones surdéterminées par le cannibalisme, la présence de la bouche béante prête à dévorer, à avaler tout ce que les tabous tentent de mettre hors de sa portée.

L'activité de dévoration semble d'ailleurs se modifier entre le texte de Swift et les expériences d'écritures surréalistes contemporaines de Breton : la première époque de l'humour noir est anthropophage dans ses thèmes, dans le sujet de ses récits ; puis, au moment où Pierre Brisset fait son apparition dans l'*Anthologie*, la fixation orale se déplace, change d'objet, et ce sont les mots eux-mêmes qui sont littéralement avalés ou mâchés par une bouche pré-œdipienne qui est devenue incapable de faire jouer au langage un rôle d'instrument linguistique, de lien entre les interlocuteurs : à ce stade ultime, lorsque la syntaxe et les unités de sens se désagrègent, le dialogue est abandonné au profit d'une satisfaction orale, et tout espoir d'utiliser le langage à des fins de communication avec un destinataire potentiel disparaît.

Dans la première partie du livre, les héros en sont encore à manger le corps humain de l'autre, et le texte abonde en anecdotes, contes et récits où le tabou du cannibalisme est allègrement transgressé.

« Un enfant fera deux plats dans un repas d'amis » (*Anthologie*, 29) nous assure le narrateur de la « Modeste Proposition », et le texte de Sade, en écho direct à ces assertions raisonnables nous fournit d'intéressantes justifications idéologiques : « Il n'est pas plus extraordinaire de manger un homme qu'un poulet » affirme le héros en enfonçant « sa fourchette dans un quartier de garçon bien apprêté » (*Anthologie*, 47). Manger de l'homme est tellement ordinaire sans doute que certains personnages éprouvent le besoin de raffiner quelque peu la transgression du tabou : chez Pétrus Borel, les protagonistes superposent au cannibalisme l'interdit du cadavre et la profanation des morts. Ses croque-morts (ils n'ont jamais été si bien nommés) se régalent « d'embryons à la béchamelle, de capilotades d'orphelins, de civets de vieillards, de suprême de cuirassiers... » (*Anthologie*, 114) Minski et les Anglais dévorent leur destinataire potentiel, font disparaître l'autre, les croque-morts engloutissent la différence entre la vie et la mort, abolissent la frontière du sacré, parfois même le « je » entreprend de se dévorer lui-même, et d'éliminer du même coup la possibilité future d'émettre un message quel qu'il soit. C'est la Tortue d'*Alice au Pays des Merveilles* qui chante la chanson de la « Soupe à la... Tortue » (*Anthlologie*, 150) ou le rêveur de Rimbaud qui s'imagine en fromage au milieu d'un groupe d'affamés :

> On a faim dans la chambrée,
> Explosions, émanations,
> Un génie : Je suis le gruère ! (*Anthologie*, 9)

De façon plus explicite, le « Pauvre honteux » de Xavier Forneret met à exécution les sinistres jeux de mots qui n'auraient jamais dû sortir du royaume linguistique :

Il l'a pliée
Il l'a cassée
Il l'a placée
Il l'a coupée
Il l'a portée
Il l'a grillée
Il l'a mangée

Quand il n'était pas grand, on lui avait dit
— Si tu as faim, mange une de tes mains (*Anthologie,* 129)

Le cannibalisme semble donc être une figure dynamique étroitement liée au besoin de faire activement disparaître l'autre ou peut-être de faire disparaître la frontière, la différence qui serait la condition préalable à une désapprobation. Si l'autre est absorbé, s'il ne fait plus qu'un avec le sujet parlant, tout rejet est impossible.

Le texte de Joris-Karl Huysmans, « En rade » que l'on pourrait d'ailleurs rebaptiser « Le cannibalisme comme l'un des beaux arts » fait plus clairement ressortir que le cannibalisme et les phantasmes d'avalement peuvent être liés à la possibilité d'une séparation vécue dans la douleur. Ce texte riche en informations scientifiques nous apprend que grâce aux recherches du professeur Selmi de Bologne (dont les travaux sur les cadavres en état de putréfaction sont sans doute d'un goût contestable mais très apparentés à ceux qu'inspirent l'*Anthologie*) nous pourrons désormais transformer les morts en « extraits concentrés d'aieuls », « essences d'enfants », et « bouquets de pères » (*Anthologie,* 198). Mis en appétit par ces découvertes, le narrateur nous régale du récit d'un dîner traditionnel, au cours duquel toute la famille bourgeoise, au lieu de manger du curé par exemple, se délecte des restes de la grand-mère et du grand-père symbolistement enfermés dans des flacons de parfums... alimentaires. « Le précieux liquide extrait des viscères décomposés de l'aïeul » devient alors le prétexte narratif à l'introduction d'une plaisanterie déjà passablement éculée mais que l'humour noir éclaire soudain d'un jour redoutablement neuf. Après avoir servi à son gamin une crème ancestrale à base de grand-mère, la mère attentionnée demande : « Et lequel tu aimais le mieux, dis, de ta grand-maman ou de ton grand-papa ? » (*Anthologie,* 201)

Brusquement, le contexte rend bien trop visible que le télescopage des deux emplois du verbe « aimer » n'est pas seulement une impropriété de surface justifiée à grands frais par tout un récit. Il n'y a pas ici de jeu de mots au sens propre du terme, l'inconscient meurtrier et désirant n'affleure pas sous forme de lapsus ou d'erreur linguistique irrécupérable dont seule une longue analyse psychanalytique permettrait de retrouver l'origine. L'humour noir permet l'économie de l'acte manqué en utilisant un système de communication si particulier que le langage, au lieu de servir de barrière, finit par dire à haute voix que l'amour est intimement lié à la dévoration, que lorsque nous aimons, nous avons déjà dévoré l'objet de notre amour, à moins que nous ne nous apprêtions à le faire. Il n'y a pas dans le texte de métaphore ou de glissement du signifiant, au contraire, la structure du récit s'agence autour de ce qui devrait normalement s'interdire, l'histoire fantastique s'organise en creuset, en réceptacle à inconscient. Lorsque « je » dis : « je t'aime », « ça » veut (et en général ne peut pas) dire non seulement « j'y ai déjà goûté » mais aussi « je veux en reprendre jusqu'à m'en donner une indigestion ». C'est aux instances autoritaires du sur-moi que reviennent le pouvoir et le privilège de censurer cet excès : l'enfant aux yeux brillants de convoitise retend son assiette vers le « plat du grand-père » et « De peur qu'il n'ait une indigestion d'amour filial, la prévoyante mère fait enlever la crème ». (*Anthologie*, 201)

Au moment où disparaît la crème finit l'ambiguïté de « j'aime ma grand-mère » ; lorsque le tout petit bébé tête sa mère, les mouvements que fait sa bouche ne servent pas à articuler des sons, il ne parle pas encore, il n'a pas encore atteint ce point de cassure et de séparation où il ne lui sera plus possible de confondre « j'aime ma mère » et « j'aime/manger/ma mère ». L'acquisition du langage et l'entrée dans le monde symbolique peuvent être interprétées comme le moment ou « je mange » peut exister indépendamment de « j'aime », et où « je mange » n'est plus l'équivalent de « je la mange ».[9] Tout le récit de Huysmans prépare le télescopage des deux sens du mot aimer et parvient, en dépit d'une utilisation irréprochable des règles syntaxiques et sémantiques, à faire dire aux mots leur violente ambiguïté. Lorsque l'enfant fait son entrée dans le

---

(9) A ce sujet voir le début du livre de Luce Irigaray *Et l'une ne bouge pas sans l'autre* : dans ce texte, le problème de représentation d'un moment préœdipien n'est pas résolu par le truchement d'un récit qui finit par créer un contexte où l'ambiguïté du verbe aimer réapparaît. Chez Irigaray, la syntaxe est bouleversée pour permettre l'expression d'un état de fusion qu'un narrateur équipé du langage ne devrait plus pouvoir exprimer. Les pronoms « je » « me » et « te » perdent dans cette écriture leur statut de pronoms directs ou indirects et fonctionnent en parallèle à un endroit de la chaîne syntagmatique qui exclut normalement leur apparition simultanée : « Je te/me donne à manger » dit la mère et la Loi des paradigmes est bafouée sans que le sens ne disparaisse. Il est au contraire enrichi de l'indicible ambiguïté.

monde symbolique et que le réprimé devient l'inconscient, le
« la » de « je (la) mange » disparaît, laissant un béance que
l'humour noir n'accepte pas et travaille (comme on dit « travail du rêve ») à combler. L'humour noir ne veut pas qu'il soit
dit que la séparation irréversible a effectivement eu lieu et que
le langage l'atteste sans contestation possible par son statut de
symbole, d'objet de substitution. Le « je » se refuse toujours,
de façon sans doute pathologiquement tardive, à ce que le
verbe « aimer » soit nécessairement la place d'un manque, d'un
remplacement, un fétiche. Contrairement à ce qui se passera
plus tard dans les théories de Kristeva par exemple, la tentative
de représentation linguistique d'un avant, d'un stade pré-sym-
bolique, n'a pas vraiment pour but avoué de transgresser, de
violer la Loi du père et de contester son pouvoir. La régression
prétend ignorer purement et simplement que vient un moment
où il devient nécessaire de constater la séparation. L'entrée
dans le symbolique s'est faite, mais n'a pas joué son rôle. Le
narrateur du conte d'Huysmans, qui semble lui-même convaincu
que les ptomaïnes seront plus fortes que la réalité de la mort,
nie le côté inéluctable d'une séparation que même les mythes
humains ne peuvent rendre tolérable.

> A l'heure actuelle, lorsque de deux êtres qui s'aimèrent, l'un
> vient à mourir, l'autre ne peut que conserver sa photographie
> et, les jours de Toussaint, visiter sa tombe. (*Anthologie*, 199)

L'être, privé de la présence de l'aimé, doit se contenter de
ce qui tient lieu de son corps, de ce qui le représente, de son
symbole rendu puissant par les rituels. La photographie ou la
tombe, signes respectivement iconiques ou arbitraires, servent à
adoucir la souffrance du dépossédé en mettant à sa disposition
des objets de substitution. Il faut noter qu'à ce stade, le récit
n'a pas encore défini « l'être » qui a disparu. Il n'est pas
encore sexué par exemple, mais cette généralisation ne durera
pas :

> Grâce à l'invention des ptomaïnes, il sera désormais possible
> de garder la *femme* qu'on adora chez soi, dans sa poche même,
> à l'état volatil et spirituel, de transmuer sa bien-aimée en flacon
> de sel, de la condenser à l'état de suc, de l'insérer comme une
> poudre dans un sachet brodé d'une douloureuse épitaphe, de la
> respirer, les jours de détresse, ou de la humer, les jours
> de bonheur, sur un mouchoir. (*Anthologie*, 199, je souligne)

Soudain, l'objet d'amour se révèle être femme, image même
du premier objet d'amour auquel il a fallu renoncer. Et les

solutions que le narrateur imagine pour compenser sa perte ne sont plus ici les rituels collectifs approuvés par la société qui s'opèrent après la disparition d'un membre de toute communauté. Sa proposition est en fait la description d'une pathologie du langage et d'une entreprise de fétichisation.

Si dans le premier exemple (conserver une photo ou aller se recueillir sur une tombe) le personnage en question est tout à fait conscient du fait que ce qui lui reste ne peut que représenter une présence, n'est qu'un simulacre, dans le deuxième cas, le narrateur fait semblant d'ignorer qu'il n'y a pas équivalence entre l'objet perdu et l'objet conservé. Il veut garder la femme elle-même mais sous une autre forme, il ne s'agit pas de respirer un sachet parfumé mais de « la » humer, de « la » transporter dans sa poche. Le pronom est un leurre, une exagération linguistique. De même que le « la » dans « je la mange » doit être éliminé lors de la séparation des corps entre la mère et l'enfant, le « la » de « je la respire » devrait laisser la place à « je respire ce qui la représente ». La métamorphose que doit subir la femme pour « survivre » à sa mort implique un tel changement de nature que le langage ne perçoit (et n'autorise) pas dans ce cas l'identité entre le sachet et la femme, exclut l'utilisation du même pronom. Outre le fait que la femme se retrouve ironiquement ramenée à l'état de nourriture (suc, ou sel), la transformation semble parodier les avatars de la quête orphique, quoique le flacon remplace la statue (sans doute moins facile à transporter), mais le sel noir de l'histoire, c'est ici que ni le héros du conte ni le narrateur du nouveau mythe n'est censé s'apercevoir de l'échec, de la différence entre Eurydice et la statue.

La douleur provoquée par la séparation n'aboutit pas à un travail de deuil qui finit par faire accepter les représentations comme pis-aller, et ce phénomène reproduit la première entrée ratée dans le symbolique. L'objet de remplacement est traité comme s'il était l'original, comme si la séparation n'avait jamais eu lieu, la mère est transformée en fétiche. L'humour noir naît ici de cette non-reconnaissance d'un manque tragiquement douloureux. Il ne s'agit même pas de rendre la mort supportable en la rendant comique, mais de savourer l'euphorie victorieuse qui vient de l'avoir absolument niée. La mort ne peut être sacrée ou tabou pour le névrosé aux ptomaïnes puisqu'elle n'a pas lieu. A ce stade, l'humour noir n'a plus rien de subversif ou de révolutionnaire. La mort des autres, le meurtre, le cannibalisme ne sont plus des exemples de violence absolue et tabou si la séparation entre la vie et la mort n'est plus perçue que comme un jeu où l'on peut remplacer un original par un fétiche qui n'est perçu que comme la réapparition de l'objet initial. Ainsi, que reprocher à Jarry (sinon sa mauvaise foi) lorsque

> ... dans un jardin, il s'amuse à déboucher le champagne à coups de revolver. Des balles s'égarent par-delà la clôture, entraînant l'irruption d'une dame dont les enfants jouaient dans le jardin voisin. « S'il les atteignait pensez-donc ! — Eh ! dit Jarry, qu'à cela ne tienne, Madame, nous vous en ferons d'autres, » *(Anthologie,* 272)

Lorsque « l'autre » n'est plus distinct du « même », lorsque les notions d'identité et de différence ne sont plus partagées par la communauté, alors tout le système de communication linguistique est menacé. Le langage perd sa fonction de symbole et acquiert un statut ambigu de mot-chose, devient inutilisable. S'il n'est plus possible de « la » distinguer du flacon de sel, nous sommes au bord de la folie, de l'aphasie, du discours hystérique. A force de refuser de mâcher leurs mots, les surréalistes finissent par ne plus pouvoir faire autrement.

3.   « *C'est pour mieux te manger...* »

Ce que l'animal social est en général obligé de ravaler, ce sont à la fois ses désirs de meurtre et sa peur de mourir, du non-sens, du néant. Pour avoir refusé de perdre la mère, l'humour noir se voit obligé de renoncer au bénéfice du symbolique. Et l'avalement se transforme en violence pure, en refus absolu de communiquer. Au lieu de se servir du langage pour mettre en scène un interlocuteur qui viendra remplacer la mère perdue, l'humour noir tâche de faire disparaître l'autre, d'absorber le destinataire à la fois pour le nier et pour vérifier que cet « autre » est bel et bien la mère initiale dont on n'est pas distinct, que l'on peut aimer et manger à la fois, parce qu'elle n'est pas différente, qu'elle aime et mange et se laisse manger, le tout sans contradiction. En sabotant le symbolique, l'humour noir refuse de laisser apparaître le père, ce troisième terme qui annoncerait la résolution du complexe, et le langage, au lieu d'être instrument de communication, devient le lieu de l'avalement de l'autre, un acte de cruauté triomphante, de violence pure qui rappelle les cris dont Artaud parsème ses pièces de théâtre pour empêcher les spectateurs d'avoir un rapport intellectuel avec leur contenu. Comme la performance de Cravan à New York, comme le geste insensé de Leonora Carrington, s'enduisant fort sérieusement les pieds de moutarde au cours d'un dîner[10], le signal émis par l'humour noir n'est pas à proprement parler un message, il n'a pas de sens. Il constitue un défi, une demande d'approbation à laquelle il ne peut être donné de réponse définitive. Toute réaction entraînera un nouveau défi, une nouvelle manifestation d'humour noir. Le lecteur ou le spectateur est totalement ignoré, soumis à une forme de violence passive par un texte qui lui refuse le dialogue.

Lorsque toute communication est réduite à cette provocation, lorsque le désir de dialoguer avec un autre a disparu, lorsque la parole n'est plus qu'un défi à la fois suppliant et menaçant, le trio linguistique, le destinateur, le message et le destinataire fusionnent, comme aspirés par le trou noir de la demande d'amour. Le sujet parlant se dissout en bouche ouverte, qui ne continue à proférer des sons que parce que « parler », est devenu l'équivalent de manger, un mouvement mécanique des mâchoires. Alors, le langage, dévoré par les forces instables du désir, se fracture et perd son organisation syntaxique.

Comme un aliment mâché qui se brise, se métamorphose, change de nature, les mots sont répétés, écoutés pour eux-mêmes, pour les modifications qu'ils subissent lorsqu'on les soumet à ce test de l'articulation non-signifiante. Du récit fantastique qui finit par saper l'efficacité du symbolique en tant qu'instrument de substitution, on passe alors à une deuxième ère de l'histoire de l'humour noir : on arrive aux extraits de Prévert, ou de Jean-Pierre Brisset sortes de textes incantatoires qui broient les phrases, les mots, et surveillent leur désintégration. Lorsque le non-sens absolu prend la relève, l'humour noir mastique consciencieusement des litanies dont la symétrie rappelle étrangement la régularité du mouvement des mâchoires en train de mâcher des aliments :

Ceux qui pieusement
Ceux qui copieusement

---

(10) « Les respectables personnes qui, il y a une douzaine d'années, l'avaient invitée à dîner, ne sont pas encore remises de la gêne qu'elles éprouvèrent à constater que, tout en prenant grand part à la conversation, elle s'était déchaussée pour s'enduire patiemment les pieds de moutarde. » (*Anthologie*, 426)

Ceux qui tricolorent
Ceux qui inaugurent
Ceux qui croient
Ceux qui croient croire
Ceux qui croa croa... (*Anthologie,* 404)

Les points de suspension qui osent prétendre qu'il y a une suite non-dite et qu'elle apporterait peut-être une réponse apaisante à notre attente ne font que leurrer le récepteur et le message, les attirer un peu plus loin au fond de la bouche qui tette les mots et découvre avec plaisir que leur sens alors se décompose, se digère, glisse, de signifiant en signifiant jusqu'au bord de la désintégration totale.

« Croient/croient croire/croa croa... » Contrairement à la technique de Huysmans qui aurait nécessité le biais d'une fiction, d'un récit, pour offrir un contexte à ce genre de rapprochement, Prévert se contente de triturer les sons et les syllabes pour arriver à faire dire au langage que la foi est une histoire de corbeaux. Justifier un tel énoncé dans une nouvelle serait bien moins économique et bien moins subversif que ce raccourci interdit, destructeur et sacrilège qui, une fois de plus, impose la similarité, assimile des éléments hétérogènes et se permet de conclure qu'il y a identité entre des éléments que tout sépare, qui sont distincts, différents, autres. « Croire = croasser », « je crois = je croasse », ou plutôt « je = corbeau = croa croa ».

Car l'humour noir exige l'approbation, veut être aimé, mais ne prendra pas de risques : comme la bouche incompréhensible qui apparaît soudain dans la main du héros dans le film de Cocteau, « Le sang du poète », il est toujours prêt à mordre quand on s'attend à ce qu'il se mette à parler ou donne un baiser. S'il avale son spectateur, il l'oblige à la fusion et se protège contre un rejet toujours possible. Ce langage ne vous donnera pas d'informations. L'*Anthologie* est bien plutôt dé-for-mation, et si l'humour noir « informe », c'est au sens de Bataille qu'il faut l'entendre[11]. Comme la photo intitulée « la bouche, image de l'informe » dont Jacques-André Boiffard s'est servi pour illustrer la revue de Bataille, *Documents,* le texte

(11) Pour une discussion de « l'informe » selon Bataille et des applications critiques que l'on peut en tirer pour l'étude de la photographie et de l'écriture surréalistes, voir l'article de Rosalind Krauss, « Corpus " Delicti " dans *L'Amour Fou : Photography and Surrealism* » (Washington and New York : the Corcoran Gallery of Art and Abbeville Press, 1985) et la réponse d'Hal Foster, « L'Amour Faux », paru dans *Art in America* (janvier 1986), 116-128.

de l'Anthologie finit par se réduire à une bouche démesurément ouverte, dont on ne sait si elle va hurler de rire, de douleur, d'effroi, de faim. « Informe » est la parole qui transforme
son auditeur en aliment, et qui pour avoir trop refusé de
mâcher ses mots n'a plus désormais qu'à avaler sa langue :

> Les dents, la bouche.
> Les dents la bouchent,
> L'aidant la bouche.
> L'aidc en la bouche.
> Laides en la bouche.
> Laid dans la bouche.
> Lait dans la bouche.
> L'est dam la bouche.
> Les dents-là bouche. (*Anthologie,* 238)

Telle est « La grande loi ou la clef de la parole » selon
Jean-Pierre Brisset. C'est aussi celle qui préside au texte de
l'*Anthologie.*

BIBLIOGRAPHIE

ABASTADO Claude. *Introduction au surréalime.* Paris : Bordas, 1971.

ALQUIÉ Ferdinand. *Philosophie du surréalisme.* Paris : Flammarion, 1977.

ALQUIÉ Ferdinand. *Entretiens sur le réalisme.* Paris : Mouton la Haye, 1968.

ALWOOD Ann. « The Beginning of Psychoanalysis », *The People's Almanac,* (éd. David Wallechinsky et Irwing Wallace) Garden City, New York : Doubleday, 1975.

ANEX Georges. « Le langage d'André Breton », *Etudes de Lettres,* tome 22, numéro 4. (Mars 1950) 1-10.

ARAGON Louis. *Traité du style.* Paris : Gallimard 1928 (3ᵉ éd.).

AUDOIN Philippe. « Le surréalisme et le jeu » dans *Entretiens sur le surréalisme.* Paris : Mouton la Haye, 1968.

BALAKIAN Anna. *André Breton, Magus of Surrealism.* New York : Oxford UP, 1971.

BALAKIAN Anna. *Literary Origins of Surrealism : A New Mysticism in French Poetry.* New York : New York University Press, 1966.

BALAKIAN Anna. *Surrealism : The Road to the Absolute.* New York : Dutton, 1970.

BATAILLE Georges. *La littérature et le mal.* Paris : Gallimard, 1957.

BATAILLE Georges. *Histoire de l'érotisme,* dans *Œuvres Complètes* vol. VIII, Paris : Gallimard, 1976.

BARTHES Raymond. *Sade, Fourier, Loyola.* Paris : Seuil, 1970.

BARTHES Raymond. *S/Z.* Paris : Seuil, 1970.

BEAUJOUR Michel. « André Breton, mythographe : Arcane 17 » dans *André Breton.* (Essais recueillis par Marc Eidelginger) Neufchâtel : Editions de la Baconnière, 1970.

BEAUJOUR Michel. « Qu'est-ce que Nadja ? ». *Nouvelle Revue Française,* 172 (Avril 1967) 761-69.

BEAUMARCHAIS. *Le Barbier de Séville* (1775) Paris : Garnier Flammarion, 1965.

BÉHAR Henri et Michel CARASSOU. *Le Surréalisme, Textes et débats.* Paris : Le Livre de Poche, 1984.

BELLMER Hans. *Anatomie de l'image.* Paris : Losfeld, 1957.

BELLMER Hans. *La Poupée.* Paris : G.L.M., 1936.

BENAYOUN Robert. *Erotisme du surréalisme.* Paris : Jean-Jacques Pauvert, 1965.

BENJAMIN Walter. « The work of Art in the Age of Mechanical Reproduction » in *Illuminations,* (traduction anglaise 1968) New York : Schocken paperbacks, 1969.

BERGSON Henri. *Le rire.* Paris : P.U.F. 1969 (273ᵉ éd.).

BERSANI Léo. « The Subject of Power », *Diacritics* VII, 3 (Fall 1977) 2-21.

BLANCHOT Maurice. « Le demain joueur », *Nouvelle Revue Française* 172 (Avril 1967), 963-887.

BLANCHOT Maurice. *L'Espace Littéraire.* Paris : Gallimard, 1955.

BLANCHOT Maurice. « Réflexions sur le surréalisme », dans *La Part du Feu,* Paris : Gallimard, 1949.

BONNET Marguerite. *André Breton, naissance de l'aventure surréaliste.* Paris : Corti, 1975.

BRECHON Robert. *Le Surréalisme.* Paris : Colin, 1971.

BREL Jacques. *Œuvre intégrale.* Paris : Laffont, 1982.

BRETON André. *Anthologie de l'humour noir.* Paris : Jean-Jacques Pauvert, 1966.

BRETON André. *Arcane 17.* Paris : Jean-Jacques Pauvert, 1965.

BRETON André et Louis ARAGON. « Le Cinquantenaire de l'hystérie » dans *Révolution surréaliste,* 4ᵉ année, XI.

BRETON André. *L'Amour Fou.* Paris : Gallimard, 1968.

BRETON André. *Les Vases Communicants.* Paris : Gallimard, collection Idées, N.R.F., 1968.

BRETON André. *Manifestes du Surréalisme.* Paris : Jean-Jacques Pauvert, 1962.

BRETON André. *Nadja,* 1928. Paris : Gallimard, Folio, 1964.

BROOKS Peter. *Reading fot the Plot.* New York : Vintage Books, 1985.

BROWDER Clifford. *André Breton. Arbiter of Surrealism.* Genève, Droz, 1967.

BÜRGER Peter. *Theory of the Avant-Garde.* (Trad. Michael Shaw.) Minneapolis : University of Minnesota Press, 1984.

CAILLOIS Roger. *L'homme et le sacré.* Paris : Gallimard, 1950 (2ᵉ édition).

CAILLOIS Roger. *Méduse et compagnie.* Paris : Gallimard, 1960.

CAMUS Albert. *L'homme révolté.* Paris : Gallimard, 1955.

CARROUGES Michel. *Les machines célibataires.* Paris : Le Chêne, 1976.

CASTRE Victor. « André Breton et la liberté » in *André Breton* (Essais recueillis par Marc Eidelginger) Neuchâtel : Editions de la Baconnière, 1970.

CAWS Mary-Ann. (Ed.) *About French Poetry from Dada to Tel Quel.* Detroit : Wayne State University Press, 1974.

CAWS Mary-Ann. *André Breton.* New York : Twayne, 1971.

CAWS Mary-Ann. « Du geste baroque au geste surréaliste : doigt qui cueille, œil qui ondoie », *Mélusine I.* Cahiers du centre de recherche sur le surréalisme. Lausanne : Age d'Homme, 1979, 199-212.

CAWS Mary-Ann. (Textes réunis par). *Le manifeste et le caché.* Paris : Minard, 1974.

CAWS Mary-Ann. *A Metapoetics of the Passage : Architextures in Surrealism and After.* Hanover : University Press of new England, 1981.

CAWS Mary-Ann. « Singing in Another Key : Surrealism through a Feminist Eye », *Diacritics* (Eté 1894) 60-69.

CAWS Mary-Ann. *Surrealism and the Literary Imagination : A Study of Breton and Bachelard.* The Hague : Mouton, 1966.

CAWS Mary-Ann. *The Poetry of Dada and Surealism.* Princeton, N.-J. : Princeton University Press, 1970.

CHENIEUX Jacqueline. *Le Surréalisme et le Roman.* Lausanne : L'Age d'Homme, 1983.

CHESLER Phyllis. *Women and Madness.* New York : Doubleday, 1972.

CIXOUS Hélène. « The Laugh of the Medusa » in *New French Feminisms.* Ed. Elaine Marks ans Isabelle de Courtivon. New York : Schocken Books, 1981.

Comedy : New Perspectives Vol. 1 New York : New York Literary Forum, (Spring 1978).

DÄLLENBACH Lucien. *Le récit spéculaire.* Paris : Seuil, 1977.

DELAS D. « Michael Riffaterre et la lecture du texte surréaliste », *Mélusine V : politique et polémique.* Cahiers du centre de recherche sur le surréalisme. Lausanne : Age d'Homme, 1983, 290-298.

DELEUZE Gilles. « The Schizophrenic and Language : Surface and Depth in Lewis Caroll and Artaud, « in *Textual Strategies : Perspectives in Poststructuralist Criticism* (introduction de Josué V. Harari) Ithaca, New York : Cornell UP, 1979, 277-295.

DERRIDA Jacques. *Glas.* Paris : Galilée, 1974.

DESNOS Robert. *Nouvelles Hébrides.* Paris : Gallimard, 1978.

DINNERSTEIN Dorothy. *The Mermaid and the Minotaur.* New York, Hagerstown, San Francisco, London : Harper Colopohon Books, 1977.

DUPLESSIS Yvonne. *Le Surréalisme.* Paris : P.U.F., 1950.

DURAS Marguerite et Xavière GAUTHIER. *Les Parleuses.* Paris : Minuit, 1974.

ESCARPIT Roger. *L'Humour.* (1960). Paris : P.U.F., 1967 (4ᵉ édition).

Europe : « Le surréalisme », numéros 475-476 novembre-décembre 1968.

FETTERLEY Judith. *The Resisting Reader : A Feminist Approach to American Fiction.* Bloomington : Indiania University Press, 1978.

FOSTER Hal. « L'Amour Faux » in *Art in America,* 6 (January 1986) 116-128.

FOUCAULT Michel. « What is an author ? » in *Textual Strategies : Perspectives in Poststructuralist Criticism* (introduction de Josué V. Harari) Ithaca, New York : Cornell UP, 1979.

FREUD Sigmund. *Le mot d'esprit et ses rapports avec l'inconscient.* Paris : Gallimard, 1930. *(Der Witz und Seine Beziehung zum Unbewussten.* Internationaler Psychoanalytischer, 4th ed. Vienna : 1925.)

FRYE Northrop. *Anatomy of Criticism.* Princeton : Princeton U.P., 1971.

GALLOP Jane. *The Daughter's Seduction : Feminism and Psychoanalysis* Ithaca, New York : Cornell U.P., 1982.

GEROULD Daniel. « Tyranny and Comedy » dans *Comedy : New Perspectives.* Vol. 1. New York : New York Literary Forum, (Spring, 1978).

GUARESCHI Giovanni. *The Little World of Don Camillo* 1908 (trad. Una Vincenzo). New York : Pellegrini and Cudahy, 1950.

HEDGES Inez. *Language and Revolt : Dada and Surrealist Literature and film.* Durham, NC : Duke UP, 1982.

HERMANN Claudine. *Les Voleuses de Langue.* Paris : Minuit, 1976.

HERTZ Robert. « The Collective Representation of Death » dans *Death and the Right Hand* (trans. Rodney and Claudia Needham, Aberdeen, 1960).

HUBERT Renée R. « Surréalist Women Painters, Feminist Portraits » dans *Dada, Surrealism* n° 13, 1984 (70-82).

IRIGARAY Luce. *Ce sexe qui n'en est pas un.* Paris : Minuit, 1977.

IRIGARAY Luce. *Et l'une ne bouge pas sans l'autre.* Paris : Minuit, 1979.

KRAUSS Rosalind. *L'Amour fou : Photography and Surrealism.* Wahington and New York : The Corcoran Gallery of Art and Abbeville Press, 1985.

Krauss Rosalind. « The Photographic Conditions of Surrealism » in *The Originality of the Avant-Garde and Other Modernist Myths.* Cambridge, MIT Press : 1985.

Kristeva Julia. *La Révolution du langage poétique,* Paris : Le Seuil, 1974.

La Bruyère. *Les Caractères* (1696) Paris : Gallimard, 1975.

Lacan Jacques. *Ecrits I.* Paris : Seuil, 1971.

Lacan Jacques. *Ecrits II.* Paris : Seuil, 1971.

Lacan Jacques. *Le Séminaire. Livre XX. Encore.* Paris : Seuil, 1975.

Ladimer Bethany. « Madness and the Irrational in the World of André Breton : A Feminist Perspective », in *Feminist Studies.* Vol. 6, numéro 1 (Spring 1980), 175-195.

Lebreton Georges. « *Anthologie de l'humour noir,* notes de lecture », *Fontaine* 47 (Décembre 1945), 149-52.

Le Brun Annie. « L'humour noir » dans *Entretiens sur le surréalisme.* Paris : Mouton la Haye, 1968.

Legrand Gérard. « A propos de la femme-enfant.» *Obliques* 14-15, (1977).

Legrand Gérard. « Surréalisme, langage et communication », dans *Entretiens sur le surréalisme.* Paris : Mouton la Haye, 1968.

Lévi-Strauss Claude. *La Pensée sauvage.* Paris : Plon, 1962.

Matthews J.-H. *The Imagery of Surrealism.* University of Syracuse Press, 1964.

Matthews J.-H. *Surrealist Poetry in France.* Syracuse : Syracuse University Press, 1969.

Mauriac André, *André Breton.* Paris : Editions de la Flore, 1949.

Mauriac André. « Breton et l'humour noir » dans *Hommes et idées d'aujourd'hui.* Paris : Albin Michel, 1953.

Mauron Charles. *Psychocritique du genre comique.* Paris : Corti, 1964.

Mélusine V : Politique et polémique. Cahiers du centre de recherche sur le surréalisme. Lausanne : Editions de l'Age d'Homme, 1893.

Meredith George. *An Essay on Comedy and the Uses of the Comic* (1897) Ithaca, New York : Cornell University Press, 1956.

Nadeau Maurice. *Histoire du surréalisme.* (1945). Paris : Seuil, 1964.

New French Feminisms. Ed. Elaine Marks and Isabelle de Courtivon. New York : Schocken Books, 1981.

Nietzsche Friedrich. *Beyond Good and Evil.* (Trad. Helen Zimmern) New York : Macmillan Company, 1907.

Nouvelle Revue Française : « Breton et le mouvement surréaliste » numéro 172 (1ᵉʳ avril 1967).

ORENSTEIN Gloria Feman. « Nadja Revisited : A Feminist Approach », *Dada and Surrealism,* 8 (1978), 91-105.

PASSERON René. « Persistance du surréalisme », Encyclopedia Universalis, supplément annuel 1985, 461-63.

PERRUCHOT Henri. « L'humour noir » *Larousse Mensuel,* 463 (mars 1953), 232-33.

PICON Gaëtan. *Journal du Surréalisme : 1919-1939.* Genève : Editions d'Art d'Albert Sikra, 1981.

PLOUVIER Paule. *Poétique de l'amour chez Breton.* Paris : Corti, 1983.

POE Edgar Allan. *Tales of Mystery and Imagination.* London, Melbourne and Toronto : Everyman's Library, 1979.

POGGIOLI Renato. *Theory of the Avant-Garde.* Cambridge, Massachussets : Bellknap Press of Harvard University Press, 1968.

REVERDY Pierre. *Nord-Sud*-Paris : Flammarion, 1975.

RIBEMONT-DESSAIGNES Georges. « André Breton ou l'intégrité noire », *Europe,* 475-476 (Novembre-Décembre 1968), 642-656.

RIFFATERRE Michel. « La métaphore filée dans la poésie surréaliste ». *Langue Française* 3, (1967) 46-60.

RIFFATERRE Michel. « Le poème comme représentation » dans *Poétique* numéro 4 (1970).

RIFFATERRE Michel. « The Poetic Function of Intertextual Humor. » In *Romanic Review,* LXV 4, (1974), 278-93.

RIFFATERRE Michel. « Semantic Incompatibilities in Automatic Writing. (André Breton's *Poisson Soluble)* in *Le manifeste et le caché* (textes réunis par Mary-Ann Caws) Paris : Lettres Modernes, Minard 1974.

RIFFATERRE Michel. *The Semiotics of Poetry.* Bloomington and London : University of Indiana Press, 1978.

RISTITCH Marco. « L'humour attitude morale ». *Le Surréalisme A.S.D.L.R.* 6, (197) 36-39.

ROCHON Lucienne. « Humour noir et surréalisme » dans *Europe,* numéros 475-476 (Novembre-Décembre 1968), 58-74.

ROUSSEAU Jean-Jacques, *La Nouvelle Héloïse.* (1760) éd. Romeau. Paris : Garnier, 1960.

SARTRE Jean-Paul. *L'Etre et le néant.* Paris : Gallimard, 1943.

SARTRE Jean-Paul. *Qu'est-ce que la littérature ?* Paris : Gallimard, 1948.

SCHOENDFEL Jean. « André Breton and the poet reader », *Dada and Surrealism,* 13 (1984), 115-122.

SERRES Michel. *Hermes IV. La Distribution.* Paris : Minuit, 1977.

SERRES Michel. *Feux et signaux de brume* Paris : Bernard Grasset, 1975.

SHORT Robert. *Dada and Surrealism* (1938) New York : Maryflower Books, 1980.

STAROBINSKI Jean. « L'autorité suprême », *Nouvelle Revue Française,* 172 (Avril 1967) 807-13.

TAMULY Annette. « Breton et la notion d'équivoque », dans *Mélusine V : politique et polémique.* Cahiers du centre de recherche sur le surréalisme. Lausanne : Age d'Homme, 1983, 195-208.

Textual Strategies : Perspectives in Post-Structuralist Criticism. (Introduction de Josué V. Harari) Ithaca, New York : Cornell UP, 1974.

THIRION André. *Révolutionnaires sans révolution.* Paris : Robert Laffont, 1965.

VIGÉE Claude. « L'invention poétique et l'automatisme mental. » In *Modern Language Notes* 75 (1960).

VOGT Ulrich. « Osiris anarchiste. Le miroir noir du surréalisme » dans *Mélusine V : politique et polémique.* Cahiers du centre de recherche sur le surréalisme. Lausanne : Age d'Homme, 1983.

WINSTON Matthews. « Black Humor : To Weep with Laughing » dans *Comedy : New Perspectives* Vol. 1 New York : New York Literary Forum (Spring 1978), 269-284.

TABLE DES ILLUSTRATIONS

TABLE DES MATIÈRES

LE PRÉSENT OUVRAGE
A ÉTÉ TIRÉ PAR L'IMPRIMERIE
« LES PRESSES BRETONNES »
A   SAINT-BRIEUC,   FRANCE
ET ACHEVÉ EN NOVEMBRE 1987